中公文庫

正統と異端

ヨーロッパ精神の底流

堀米庸三

中央公論新社

まえがき

ヨーロッパ中世史を生涯の専門に選んだほどの人ならば、だれしも一度は、そこにみられる宗教と政治の深刻な対立、複雑な葛藤に心を奪われずにはいられなかったにちがいない。いまから三十年前、わたくしが中世史の研究に志したときにも、これが一つの動機になっていた。

およそ宗教と政治ほどに、その理想とそれにいたる道が相互に異なりながら、しかも現実においては相互に結びあわざるをえない関係にあるものはない。キリストは、皇帝への貢税の是非を問うたファリサイ人に対し、「シーザーのものはシーザーに、神のものは神に帰せ」（マタイ伝二十二章二十一節）と答えたが、キリストの言葉＝啓示をこの世に確保するため、教会の設立に向かった人々にとって、「神のもの」を「シーザーのもの」から区別することは困難、いや実際上不可能であった。キリスト教公認前後の教会の歴史は、このことの最もよい証人である。キリスト教の歴史にたえずついてまわる「正統と異端」の争いも、教義上の問題であるまえに、まず「神のもの」と「シーザーのもの」、いいかえれば宗教と政治との不可避的な相反と結合の関係から生まれたものである。アウグスティヌスとドナティスト異端の論争は、教会史上、このことを最初に、最も大規模にまた鮮明に示した事例であった。

宗教と政治のこの悲劇的関係は、およそ宗教が人々の主要な関心事であり、したがってまた宗教＝「教会」の優位がみられたどの前近代社会においても、原則上、存在しうる。しかしそれがヨーロッパ中世におけるほど生々しい現実となってあらわれたことは、世界史のどこにも、またどの時代にもなかった。その理由の第一は、おそらく、キリスト教が、ユダヤ教の昔から、自己にまさる他のいかなる価値をも認めない一神教であったことにあるであろう。あの高い倫理観をもつキリスト教が、聖書の全篇を通じて、家庭では口にすることさえ憚《はばか》られる悪罵《あくば》をこの世の権力とその手下に投げつけていることは、逆説的ではあるが、その最もよい説明となるものであろう。しかし、第二の理由は、中世ヨーロッパがその歴史的形成の最初から、法王と皇帝という二権力を中心とする楕円的統一体であり、最後までそのどちらもが他方を圧倒し吸収することのできぬ緊張関係をつづけたという歴史的事実にあった。本書の主題に関係するグレゴリウス改革は、そのための最良のデータを提供するものであるが、要するに中世ヨーロッパの歴史を貫く、精神的・世俗的両権力の緊張関係は、ビザンツにも、ましてその他のアジア世界の歴史にも、一般的には決して発見されない特徴なのである。

このような特徴をそなえた宗教と政治の緊張関係を背景として展開された、ヨーロッパ中世における正統と異端の抗争は、これまた他のいかなる歴史にも見いだされない深刻なものであった。その結果それは、宗教と政治の対立が直接性を失う宗教戦争ののちまで、ヨーロッパ人の精神的形成に大きい底流として働きつづけることになったのである。現代世界におけるイデオロギーの問題、そこで繰り返しみられる正統と異端の問題についても、中世ヨーロッパの同じ問題は、単なる先例としてではなく、一つの必然的な歴史的前提として関係しているといわねばならない。

さてわたくしが三十年前に「中世における政治と宗教」に心を奪われたからといって、すぐさまそれと取り組むほどの自信も準備もなかった。この根本問題を取り扱うためには、そのまえに知っておかなくてはならないたくさんの事実や問題があったし、他方では、このような深刻な問題が当時必ずしもそれにふさわしい取り扱いを受けているようにも思えなかった。

こうしてわたくしは、問題に心をひかれながらも、専門を中世の政治と国制の歴史に選んで今日にいたった。ところが問題にふたたび直面する機会は意外なところからおこった。戦後の封建制・封建国家研究の一環として、中世中後期における国家権力形成の問題に取り組んでいるうち、この問題の究明が中世教会法の知識なしにはすまされえないことを、海外研究の動向から教えられ、その手始めにローマ法王史の関係史料を漁っていたときのことである。畏友丸山真男君の依頼に応じて、「正統と異端」の共同研究に従っていた政治学の研究グループを相手に、ヨーロッパ中世の異端に関する報告を行なったことがあった。この報告自体は粗末なものであったが、それに対する活発な質問は、正統と異端の問題の取り扱いについて、わたくしを啓発するところが少なくなかった。わたくしの記憶に誤りがなければ、それはほぼ四年まえ、昭和三十五年(一九六〇)の秋のことであった。このとき以来、中世における国家権力形成研究の方法上の課題が、次第に研究上の主要関心に変わってきた。

翌昭和三十六年の秋、わたくしは中世カトリック教会史の基本問題、グレゴリウス改革(一〇四九―一一二二年)の根底をなす秘蹟論争を取り上げ、そこにあらわれた「正統と異端」の問題を主題として、同年度の史学会大会の公開講演を行なった。このときはじめて、わたくしは秘蹟《サクラメント》に関する客観主義的（聖務重視論）ないし主観主義的（執行者重視論）解釈の対立が、そのまま、教理上の正統（事効論＝ex opere operato）と異端（人効論＝ex opere operantis）の対立として、秘蹟教会《サクラメンタル・チャーチ》たることを本質とするカトリック教会の大問題であることを知った。

しかしそのときの認識はまだ、グレゴリウス改革における目的と手段との矛盾、換言すれば、教会の腐敗を一掃しようとしたこの改革が、単刀直入に腐敗聖職者の追放によって目的を達成しようとし、腐敗聖職者の聖務＝秘蹟無価値論、つまりカトリック教会の正統と相反する異端的な主観主義的人効論をふりかざすことによって、改革成就ののち、同種の秘蹟論を根底とする十二、三世紀の異端運動を惹起させたのだ、ということ以上のものではなかった。したがって一方では使徒的継承（キリストから第一使徒ペテロに与えられた司牧権の代々のローマ司教＝法王による継承）にもとづく正しい教会聖職制の樹立という、徹底的に伝統主義的なグレゴリウス改革の目的が、その実現手段として採用された人効論的秘蹟論に対してもつ矛盾の深さも、またこの深い矛盾によってかきたてられた社会人心の動揺も、十分に理解できたわけではなかった。他方ではまた、この動揺を前提としておこった教会伝承への根本的批判、そこから生まれた原始キリスト教精神への復帰を目指して生まれた「使徒的生活《ヴィタ・アポストリカ》」の追求を本質とする十二世紀の宗教運動への理解も十分ではなかった。そして最後に、いわば一つの宗教的発酵状態を呈する「使徒的生活」の運動が、正統か異端かというより、正統と異端とへの両極分解の契機をはらみながら、すさまじいエネルギーをもって回転する星雲にもたとえられるものであったこと、したがって勝利したグレゴリウス主義が己れの歴史的本質にたちかえって、この宗教運動の収拾に着手したとき、そこにはじめて、言葉の真の意味での正統と異端の対立が生まれるのだという認識にいたっては、まだまったく生まれていなかったといってよい。

それはともかく、この最初の発表ののち間もなく、わたくしは個人的な事情からして約一年半のあいだ、この研究を中絶せざるをえなかった。この研究の中絶はしかしただマイナスばかりをもたらしたのではなかった。この間に手にすることのできた新しい史料と文献とは、研究の再開にあたって問題の再検討にとくに有益であり、前記の欠陥を補うのに役立った。

しかしこの研究にまとまりをつけるうえで何よりも大事であったのは、中世ローマ法王権の最盛期にあらわれた二つの托鉢修道会、フランシスコ会とドメニコ会の出現の意味の理解であった。この二つの新しい修道会がなぜに中世ローマ教会の最盛期に生まれなければならなかったかは、この最盛期が他方ではどうして異端運動の最盛期でなければならなかったかという問題と同様、これまで十分な説明が与えられていたとはいいえない問題であった。ことにフランシスコ会の成立にまつわる奇妙な曖昧さは、この修道会のその後の役割が偉大であればあるだけ、わたくしにとっては不思議に思われたところであった。この問題の解明は、結局、聖フランシスの運動を、トレルチの卓抜な規定、十二世紀の在家宗教運動 Laienchristentum, lay religion の一環としてばかりではなく、まさに正統と異端との正面きっての対立という、十二世紀後半以降の危機的境位における異端的宗教運動の一環としてとらえ、これをあえて教会内に吸収しようとした法王イノセント三世の政策との連関において理解することによってはじめて達せられるのである。

このように理解することは他方、グレゴリウス改革における異端的人効論的秘蹟論が、なぜ十二世紀中葉におけるイノセント二世の時代をもって最後とするか、なぜカトリック的客観主義＝事効論がイノセント三世にいたってふたたび力強く主張されるかという、グレゴリウス改革にともなう重要問題をもあわせて解決することを可能にする。そればかりではない。教会内部の頑強《がんきょう》な反対をおしきって行なわれたイノセント三世の宗教運動対策、ことにそのフランシスコ会認可は、ローマ教会の危機を克服し、その最盛期を現出する必須条件であったにしても、大きい反動なしにすむものではなかった。そこに中世末期におけるローマ教会の新しい危機の遠因が見いだされる。

こう考えるならば、グレゴリウス改革にはじまり、グレゴリウス七世やウルバヌス二世とイノセント三世とを二つのピークとする中世ローマ教会の全歴史は、その発展の原動力となる矛盾とともに統一的に理解されることになるのである。

そこからしてまた、「イノセント三世と聖フランシスの会見」にはじまり、「グレゴリウス改革と秘蹟論争」の歴史と意義を論じたのち、「十二、三世紀の宗教運動」を通って、ふたたび「イノセント三世の宗教運動対策」にかえるという本書の構成も、おのずから定まってくるのである。

以上、略説したように、本書は、わたくしの年来のテーマであるとはいえ、計画的な専門研究の結果であるというより、むしろ偶然の機縁に負うところの多い研究である。これを一段落させたのちは、ふたたびもとの研究にたちかえらなくてはならない。しかしもとの専門といっても、それはいずれにせよ、本書で取り組んでみた「中世における政治と宗教」にいたる一つの道程である。この専門研究に一段落がきたとき、本来の主題がどのようにみえてくるか、それがいまのわたくしにとっての楽しみである。

著　者

一九六四年勤労感謝の日

目次

Ⅱ 論争

正統と異端

UXORI SUAE MEMORIAE

I

問題への出発

法王イノセント三世の夢
ジョットー作「聖フランシス伝」（一三一四―一三二二）二十八枚のうちの一つ。アシジの聖フランシス寺の上手教会のフレスコ画。法王は一夜夢に倒れかかった教会を支える一人の見知らぬ人間を見た―。これが聖フランシスであった。教会の内的危機を示す象徴的な絵画。

第一章　ローマ法王権の負い目

汝、もし全《まっ》たからんと欲せば、行きて有てるものを売り、これを貧者に施せ、……しかして来たりて吾に従え。

マタイ伝十九章二十一節

◉ある世界史的な出会い

一二一〇年、早春のある日のことである。中世ローマ法王権の歴史にかつてない権勢の一時代を画した法王イノセント三世は、ラテラノ宮の奥深い一室で、見なれぬ一人の訪問者と話しあっていた。この訪問者は、やせぎすの中背、やや中高の細面、平たく低い前額の下には一重の黒目がのぞき、鼻と唇はうすく、耳は小さくとがり、頭髪もひげもうすい。変哲がないというより、むしろ貧相なこの訪問者を特徴づけていたのは、しかし、そのやわらかな物腰と、歌うようなこころよい声音であった。だが、その風態は少なからず変わっている。長い灰色の隠修士風のマントは、腰のあたりで荒縄でしばられており、裾からとび出している足は裸足である。

いまを時めくキリスト教会の首長イノセント三世は、なぜ、幾人かの枢機卿《すうきけい》まではべらせて、このみすぼらしい訪問者とそんなにも熱心に語りあっているのであろうか。その内容は、これからの叙述にゆずるとして、この会見こそは、起伏にとぼしくない西洋の歴史にあっても数少ない、世界史的な出会いの一つだったのである。

多くの読者は、この訪問者が、チマブエ、ジョットー、フラ＝アンジェリコ、ラファエルロ、ファン＝アイク、さらにはデューラー、ムリリオ、グレコ、ルーベンス、レンブラント等々、中世末期からバロックにいたるあらゆる画家に霊感を与えた「アシジの小貧者」聖フランシスであることに気づかれたことと思う。もっともこれら有名画家の筆は、すでにフランシスを光背をもってかざり、貧しく悩めるものの友であった彼を苦行の聖者として理想化しているのであるが、実際に彼を見知って描いたスビアコのフレスコ画や、弟子で伝記を残したトマス＝チェラーノの描写は、素朴だがより親しみ深いフランシスの面影をつたえている。

さて聖フランシスは、この年、彼の教えに従う十一人の弟子たちとともに、アシジの小堂をくだって、ローマに向かった。それは、キリストにならう使徒的清貧において隣人の救いにつくそうとする彼らの運動に、修道会としての認可を得ようとするためであった。

フランシスはすでにその弟子たちとともに、福音書から得た三箇条の戒律（会則）を奉じていたが、それは既存の修道会会則からみれば、まったく前代未聞のものであり、どんな聖職者をもその簡潔な、妥協の余地ないきびしさのゆえに驚かせるにたるものであった。その第一条は、「汝、もし全《まっ》たからんと欲せば、行きて有てるものを売り、これを貧者に施せ、しからば天において宝を得ん、しかして来たりて吾に従え」（マタイ伝十九章二十一節）であり、第二条は、「金、銀または銭を汝の帯にもつことなかれ、行嚢も二枚の下着も、靴も杖もまた同じ」（マタイ伝十章九、十節）、第三条は、「ひともし吾に従わんと欲せば、己れをすてて、おのが十字架をとりて、吾に従え」（マルコ伝八章三十四節）であった。

一二〇八年の春、フランシスはアシジの広場に面した聖ニコラス教会で、彼に従った二人の最初の弟子たちをまえに、この三箇条を読んでいった、「兄弟たちよ、これが吾らの生活であり、また戒律なのだ」と。彼はこれを文字どおり実行にうつす決意であり、また事実そうしたのであった。しかし、そのあまりの単純さと厳しさとは、認可を求められた法王庁でも、認可後の修道会の歴史においても、会の存立に関する幾多の問題をひきおこしたものであった。

本書はフランシスの伝記でも、その修道会の歴史でもないので、フランシスについて語ることは、むしろ少ない。それゆえ、一二一〇年の法王庁でのいきさつを語るまえに、手短かにここにいたるまでのフランシスの半生を述べておかなくてはならない。

◉聖フランシスの前半生

フランシスは、一一八二年、中部イタリアはウンブリア地方の市、アシジの富裕な織物商人、ピエトロ＝ベルドネの子として生まれた。彼は不肖の子で実務をきらい、財産にまかせて享楽を追う以外の生活を知らなかった。あるとき彼は夢に壮麗な城をみた。色とりどりの武具でかざられたその内部には、一人のうるわしい乙女が花婿を待って坐っていた。フランシスはこの乙女の手をとるべき騎士たろうとし、南イタリアにおもむいて戦争に参加した。

当時は神聖ローマ帝国とシチリアのノルマン王国の支配者、皇帝ハインリヒ六世の急死（一一九七年）につづいた混乱の時代である。南イタリアではドイツ神聖ローマ帝国のホーエンシュタウフェン家とゲルフ家、それからその各々につき従うイタリアの地方勢力間の争いが間断なくつづいていた。遊楽を戦闘に代えた放蕩息子フランシスを待っていたのは、しかし、騎士の栄誉ではなく、虜囚のはずかしめとはげしい熱病であった。しかしこの肉体の苦悩は、やがて彼に心の目を開かせることになる。彼は中部イタリアの市、スポレトで回心を経験し、地上の騎士の勤めを代えて、天上の主に仕えることになった。フランシス二十歳のときである。

このとき以来、彼は隠修士の生活に入り、祈禱と廃寺の修復、あるいは癩《らい》病人の世話などにつとめつつ日々を送った。アシジ近傍の聖ダミアニ寺の礼拝堂の修復に従事していたあるとき、彼は、「フランシス、わたしの家がこわれているのが見えないのか、行ってそれを建てなおせ」と呼びかける主の声をきいた。そのときは彼はなおその意味を理解できなかったが、一二〇八年、やはり彼みずから喜捨を得て修復したアシジ近傍の小寺ポルティウンクラに祈っていたとき、さきにかかげた戒律の第二条にあたるマタイ伝十章の言葉を耳にした。フランシスは驚きかつ喜んで、ただちに主の命ずるところに従った。これが「清貧との婚礼」としてジォットーの画筆にえがかれ、ダンテの詩にうたわれた召命の経験であった。

ここに彼は一切をすて――といっても彼はすでに回心後の隠修士時代に廃嫡《はいちゃく》を受けていた――主の家の再建に向かった。その再建の意味はやがて明らかになるのでここでは説かない。やがて彼は彼の説教に共鳴する二人のアシジ市民を得、ついで前述の戒律の決定にいたったのであった。

◉会見のいきさつ

一二一〇年に行なわれたフランシスと法王イノセント三世の会見については、当事者の記録がないので確実なことはわからない。それが一二一〇年であったか、一二〇九年であったかさえ、学者の意見は古くからわかれている。いま前者をとったのは、この会見の歴史的意味に関して教えられるところの多かったドイツの中世史家、ヘルベルト＝グルントマンに従ったまでである。またこの年代の決定は必ずしも本書の主題に関係がないので、とくに立ち入ることをさける。

法王はこの会見でフランシスらの活動の継続を、口頭で認めただけで、ただちに修道会則の認可を与えようとしたものではなかった。むしろ法王は最初、フランシスに対し、既存の修道会則のいずれかを選ぶようすすめたとみられる節が多く、わずかに枢機卿中の最有力者ヨハンネス＝コロンナの慫慂《しょうよう》をいれて、使徒的清貧主義に則る独特な活動方式の継続を認めたにすぎなかった。

こういえば、法王イノセントはフランシスの理想主義に理解も同情ももたなかったように聞こえるであろうが、事実はまったくその逆であった。法王がフランシスに会ったのは、このときが最初であったが、フランシスの噂はつとに法王の耳に入っていたに相違ない。フランシスの運動は早くから、アシジの司教グィドーの支持を得ていたし、また当時まったく名もない宗教運動家にすぎなかったフランシスが、ローマで法王の接見をゆるされたのは、グィドーが、ローマ法王庁の実力者であった前記のヨハンネス＝コロンナにとりなし、ヨハンネスがまた法王にとりなしたからであった。それゆえ法王は、グィドー、ヨハンネスの線で、ある程度フランシスの人とその事業についての知識をもっていたはずであり、またフランシスの運動そのものには、従来のいきさつ――これもやがて明らかになる――からして、イノセントの、その治世をかけた関心につながるものがあったのである。

しかしこれらのことから、フランシスの運動が当時のカトリック教会一般に歓迎される性質のものであったと考えるなら、これほどに大きい誤りはないのである。枢機卿のあいだにもフランシスの運動にある危険を感じ、それに反対を表明するものもいたのであり、ヨハンネス＝コロンナの強力な説得がなかったなら、法王イノセントも運動に対する口頭の容認さえ、容易には与ええなかったであろう。

ともかくもイノセントは、フランシスの運動が間違いなく教会の規律のなかで行なわれるよう、フランシスとその弟子たちに剃髪を命じて教会聖職者とし、さらにフランシスには法王に対する、その弟子たちにはフランシスに対する絶対服従を誓わせた。しかしイノセントは、そのうえで、次のように述べてフランシスたちを祝福し、力づけることを忘れなかった。「兄弟たちよ、主とともに行け。そして主が汝らに霊感を与えられるよう、人々に悔悛の教えを説け。だが幸いにして主の恩寵を得て仲間を増し殖やした暁には、喜んでまたわたしのもとにくるがよい。そのときには今よりもたくさんのことを許し、かならずやもっと重大な任務を与えよう」と。

それではフランシスの運動の何が枢機卿のあるものに危惧《きぐ》を感じさせ、またイノセントにこの慎重な態度をとらせたのか。フランシスとその仲間の数がまだ少なく、その運動の理想と形態が既存の修道会のそれとあまりにもかけ離れていたためか。それもおそらくは一つの理由であったろう。しかしイノセントを悩ましたのは、それよりはるかに重大な宗教的・教会政治的問題に対する考慮であった。この問題こそ、これからの叙述の主要部分をなすものであるが、ここでも簡単にその要点を述べておかなくてはならない。

◉法王イノセント三世の悩み

さきにわたくしは、イノセント三世とフランシスの最初の会見を、世界史的な出会いだといった。その一般的な意味は、必ずしも理解するに困難ではない。イノセント三世は中世法王権の最盛期を実現した人で、二千年にわたるローマ法王史においても、ひときわ傑出した人物である。彼は宗教家であるよりも、神学と法学とに卓越した経世家であったといわれる。しかし彼がふつうの意味の政治家でなかったことは、彼の数多くの教会指導上の業績に示されているが、なかでもフランシスの運動の精神をつかんだ点はそれを示すものである。

他方フランシスは、またたく間にカトリック教会最大の修道会となった「小兄弟団」＝フランシスコ会の創始者である。十三世紀末、モンテ＝コルヴィーノの中国伝道にはじまるフランシスコ会の世界布教は、今日新旧世界のどんな僻遠の地にもフランシスのあとを追う伝道師を見いださぬ土地はない。他方、数多いカトリック教会の聖者のなかでも、彼ほどに民衆に親しまれ愛せられた聖者はないだろう。彼は小児のように純粋でひたむきで、神の言葉を受けては、ただの一瞬たりともためらい疑うことがなかった。晩年にはキリストと同じ聖痕《スティグマ》（キリストが十字架上の処刑にさいして受けた脇腹の槍痕）をその脇腹に得たというが、これもキリストに学ぼうとするひたむきな純情なしには考えられぬことであった。しかし、それにもまして人々を彼にむすびつけるものは、彼が聖痕の苦痛にたえながら、「太陽の讃歌」をはじめ幾多の試作によって、神とそのあらゆる被造物、自然と人間を讃えるのをやめなかった一事であろう。ひとは彼を「神の巡歴詩人《トゥルバドゥール》」というが、今日もなお世界のあらゆるすみずみから、「わたしの前には白い道が、わたしの後ろには二月のあたたかい太陽が」（『巡礼の書』）とうたったデンマルクの作家、ヨハンネス＝ヨルゲンセンとともに、フランシスへの讃歌を口ずさみつつ、アシジに向かって巡歴する人々の列はたえないのである。

このようなイノセント三世、このようなフランシスの出会いであってみれば、一二一〇年の会見を「世界史的な出会い」と名づけることは、決して言葉の濫用というにあたらないであろう。しかしこの言葉のもつもっと深い意味は、当時この二人をとりまいていた十三世紀初頭のイタリアないしヨーロッパの歴史的環境を理解することなしにはとらえられない。一言でいえば、それはキリスト教とその教会の危機であった。

こういえば読者はあるいは、カトリック教会のあの盛時にあって、どこにそんなにも深刻な危機があったのか、といぶかるにちがいない。たしかに歴史の表面をみるかぎりでは、この疑問も当然である。皇帝ハインリヒ六世が、ドイツ、イタリア、ブルグンドのすべてをあわせた大帝国の世襲帝政実現を目前にして急死したあと、王位と帝位を争うドイツのホーエンシュタウフェンとゲルフ両家の争いと、その結果である二重国王選挙（一一九八年）にさいしては、法王権を太陽に皇帝権を月に比定しつつ、調停者として裁定を下し、さらに一二〇二年、ドイツ国王の世襲権を否定して、諸侯の選定する国王候補者に対する審査権を要求したばかりではなく、世俗国家相互間の争いに上級裁判権の要求を掲げた（一二〇四年）のはまさしくイノセント三世であった。南フランスのアルビ市を中心とするトゥールーズ地方に蔓延したカタリ派の異端にアルビジョア十字軍（一二〇九―一二二九年）をさし向けて、これを殲滅《せんめつ》し、カンタベリー大司教の任命をめぐってはイギリス王ジョンと争い、これを屈服させて、王に封建家臣の礼をとらせ、イギリスを法王権の知行としたのも、イノセント三世にほかならなかった。そればかりではない。彼はまた中世カトリック教会史上最大の第四回ラテラノ公会議を開き、教会の組織と教義に関する画期的な決定を行なっている。まさしくイノセント三世こそは、中世ローマ法王権の最盛期をきずきあげた人物であり、諸王中の王とも形容されるにふさわしい。

しかし、法王権を世俗国家とのアナロジーでとらえることは根本的な誤りをおかす危険がある。後に再説するように、もともと物理的強制力を欠いた法王権の政治的支配は、封建的な権力の分裂と対抗、ないしはバランス－オブ－パワーのうえにきずかれるものである。操縦すべき権力の分裂と対抗のないところに、それをきずきあげることは困難であり、またつくりあげられたバランスはたえずやぶれようとする危険をはらんでいる。法王の政治支配は決してふつう想像されるような安定したものではない。そして、イノセント三世のヨーロッパ支配を完全なものとみるのは、後世のわれわれの判断なのであり、それを一歩一歩実現していったイノセント三世の主観に立ってみるならば、問題はまったく異なった様相を呈してくるにちがいないのである。

ここで問題をせまく限定し、まずイノセント三世がフランシスの新しい修道会認可に関し、そこに危機を感じなければならなかった主体的な条件を考察してみることにしよう。端的にいえばフランシスの新修道会認可は、当時の教会政治の現実にあっては、どんな法王にとっても細心の注意と大きい勇断を要することで、おそらくイノセント三世ならではなしえない事業なのであった。この点に、わたくしが両者の出会いの意味を高く評価する理由があるのであるが、それは他方、フランシスの偉大な人格やその修道会の目ざましい発展だけに注目するものには、おそらく理解できない点でもあると思われる。大胆な言い方を用いるならば、フランシスの清貧主義の運動は、一世代以前でもあれば、異端として処理された可能性が強いのである。

この点をもう少しくわしく考えてみよう。フランシスの運動は、その精神においても形式においても、実は、決して孤立したものではなかった。それは十一世紀の末以来、澎湃《ほうはい》としておこってきたところの、使徒的生活の実践を目指す、しばしば強い民衆的色彩をもつ、一連の宗教運動の一つであった。それは他方、十一世紀末以降、たえず、ヨーロッパ社会に異様な興奮の雰囲気をかもしだした終末観的運動を背景に、あるいはそれと密接にからみあいながら、フランシスの時代まで断絶することなくつづいたものであった。グレゴリウス改革の時代（十一世紀中葉―十二世紀前半）にその最盛期をおえたクリュニー修道会（九一〇年創立）にかわる新しい禁欲的修道の運動としてのシトー、プレモントレ、フォントヴローらの修道会は、この宗教運動の初期を代表するものであり、カタリ派、ワルド派の異端、あるいは謙遜者《フミリアーティ》、「貧しきカトリック者」らは、その後期、すなわち十二世紀後半以後の宗教運動を代表するものである。

この宗教運動のほとんどすべてに共通な、使徒的清貧主義と道徳的厳格主義とは、グレゴリウス改革の一段落ののち、保守化し反動化したカトリック教会に対し、鋭く批判的であり、勢いのおもむくところ、ややもすれば異端化する傾向をもっていた。したがって当時の教会高位聖職者に、この宗教運動に対する無理解と反感ならばともかく、理解と好意を期待することは、途方もない見当ちがいな事柄であった。多くの場合、彼らは既存の教会制度の枠内での解決、つまり宗教運動の既存の修道会への吸収、ないしこれに準じた修道会の設立によって事態を収拾しようとし、これに甘んじないものを容赦なく異端として弾圧したのであった。

しかし、この対策は、後にくわしくみるように、おこるべくしておこった宗教運動の真の解決ではなかった。それは、教会発展の真の原動力ともなるべき宗教運動の窒息と退廃をもたらすだけで、そのあとにはさらに一層ラディカルな宗教運動をひきおこしただけであった。このようなカトリック教会の宗教運動に対する反動的な無理解を示すものとしては、十二世紀後半におこった最大の宗教運動ないし異端の一つであるワルド派に関するエピソード以上に好適なものはない。

ワルド派というのは、リヨンの富裕な商人であったピエール＝ワルドーが、一一七三年、吟遊詩人のうたう聖者アレクシスの物語に感動し、その家財をなげうち、使徒の生活にならいつつ、キリストの福音をひろめようとした宗教運動の一派で、またの名を「リヨンの貧者たち」ともいう。後に異端の烙印をおされ弾圧されてからは異端の教義も混入したが、最初は純然たるカトリック信者の熱心な布教団体であった。

さてこのワルド派がまだ異端とされず、彼らの行なった聖書の口語訳（ワルド派は中世における聖書の口語訳の先駆）によりつつ、福音の自由説教を求めてローマ法王庁に訴えていたとき（一一七九年）のことである。法王庁は当代一流の神学者・法学者を審査にあたらせたが、その中心的人物はイギリス王の使節であったウォルター＝マップであった。彼は封建貴族的聖職者の典型であって、学殖もあり世故にもたけた人物であったが、宗教運動の審理に最も必要であった素朴な感受性をまったく欠いていた。この人間がしかしみずから審理の記録を残している。それによると彼は、市民の宗教運動を頭から軽蔑し、その代表たちを「無学文盲」ときめつけているが、興味があるのは、審理の最後にあたってのやりとりである。

ウォルター＝マップは彼らに、「父なる神と子と聖霊を信ずるか」ときく。彼らがそれを肯定すると、マップはつづいて、「それならばキリストの母はどうか」。彼らがそれを聖母マリアのことと信じて肯定すると、審理官一同は爆笑し、「それでは福音の説教などもってのほかだ」ということで審理は終わるのである。ワルド派の代表者は何で笑われ、また何で説教を禁ぜられたのかをしらず、ただあっけにとられるばかりであったが、これは現代でも専門家以外にはまったく理解のゆかぬことである。簡単にいうとその理由はこうである。

マリアについてはオリゲネス以来、ギリシア教父のあいだでテオトコス（神の母・神をはらんだもの）という呼称が次第に一般化したが、キリストにおける神的・人的両ペルソナを認めながらも、それの別々の存在を主張したコンスタンティノープルの大司教ネストリウスは、それに代えてクリストコス（キリストの母）と呼ぶべきことを提唱した。この主張はローマ（四三〇年）とエフェズス（四三一年）の公会議で否定され、ネストリウスは異端としてその地位を追われ、用語としてはテオトコスが正式とされた。ローマ教会ではそれをラテン訳しデイ＝ゲニトリクス（神を生むもの）という。また、マーテル＝

ドミニ（主の母）ともいうがマーテル－クリスティ（キリストの母）とはいわないのである。

結局、ワルド派の人々はマップによってキリスト教神学、それもまったく煩瑣《はんさ》な神学知識の試問を受け、まんまと試験官の罠にはまったわけであった。それはちょうど特殊な外国語の言い回しでひとを煙にまく「外国通」のやり方に似ているが、妙な言い回しを知らなくとも、外国語の会話に困らないと同じく、煩瑣なキリスト教神学なしにも真実のこもった説教は可能であり、むしろそのほうが信仰にうえた民衆の要望にこたえたのである。

ウォルター＝マップによるワルド派の審理が行なわれたのは、一一七九年、法王アレクサンダー三世の治下であった。アレクサンダーはワルドーと会ったとき、その人柄に感じて彼を抱擁して、そのキリスト教への献身を賞したとも伝えられるほどで、決して宗教的感受性の欠けた人ではなかった。しかし彼は他方、皇帝フリードリヒ一世とロンバルディアの支配をめぐる死闘にようやく勝ったばかりで、まだ宗教運動への対策に心をくだく十分の用意をもっていなかった。彼はまた、地方司教と対立しローマに訴え出たフランドルの宗教運動者の審理にあたって、「無実の人々をきびしい教会懲罰を用いて罰するよりも、罪あるものを許すほうがよい」といい、現代の「疑わしきは罰せず」

にも似た態度を表明しているが（一一六二年）、それも実は宗教問題を十分に顧みる暇《いとま》をもたなかった法王の責任回避とみられる節がある。彼はまたさらに「謙遜者《フミリアーティ》」と呼ばれるロンバルディアの清貧主義運動の一派を、ワルド派と同様に処理しているが、この「謙遜者」団はみずから使徒的生活の実践と清貧の説教によって、初期のワルド派と同じく、異端波及の防波堤たろうとしている人々だったのである。

またこういうアレクサンダー三世の態度も、理屈のうえでは、カトリック教会の根本義からしていくらでも弁護できるものである。すなわち、教会はそのままで人類の救済のための神的な施設なのであり、聖職者はこの教会の目的を実現するため、とくに任命された神聖な人格なのである。この聖職者をさしおいては、法王庁ないし管区司教の特別な委嘱・容認なしには何びとも、教会活動の主要部分の一つである説教は行ないえないのである。そのほか、十分な神学的修練を欠いた説教は、宗教運動家が主観的に熱心であればあるほど、公認の教義を逸脱するおそれも十分にあったのである。これらの点についても改めて論じなければならないが、いずれにせよ問題はローマ教会が、かたくなな形式的態度で民衆の宗教運動を抑圧し、民衆の宗教的熱誠を教会外に放逐してしまうことであった。

このような教会の態度の総括的表現は、一一八四年のヴェロナ公会議の決定のうちに示されている。アレクサンダー三世のあとをついだルキウス三世は、この会議においてはじめて異端ないし宗教運動の対策と取り組み、これに関するカトリック教会の原則的態度を表明した。このヴェロナ公会議の決定で重要なことは、単に現存の異端を列挙したばかりではなく、一般に異端とは何かというローマ教会の態度を表明したことであった。列挙された異端のなかには、東方起源の中世最大の異端であるカタリ派、ワルド派、「謙遜者」のみならず、多数の異端が数えられている。そのうえで教会の明示的付託によらない福音の自由説教は、その内容のカトリック性と否とにかかわらず、一様に異端と断ぜらるべきだとされているのである。これは当時のカトリック教会の宗教運動一般に対する無理解と公式主義的な態度を極限にまでおしすすめたものというほかはない。当時の宗教運動の根深さと真摯《しんし》さをおもうとき、ヴェロナ決定は、心あるものの目には、カトリック教会の外面的隆盛にもかかわらず、一つの大きい危機のしるしと映ったに相違ない。またさきにわたくしが、「フランシスの運動は一世代以前であったなら、異端とされるつよい可能性があった」と述べたのは、まさしくこのヴェロナ決定を考えてのことであった。

このヴェロナ決定とそれにふくまれた新しい異端審問手続きの導入にもかかわらず、異端や清貧主義的宗教運動は、退潮するどころか、かえっていよいよはげしさを加えていった。ここに一一九八年に即位したイノセント三世の新政策があらわれる理由があったのである。彼の宗教運動対策を一言にしていえば、異端をもふくめて、なおカトリック性を失わないあらゆる宗教運動にはたらきかけ、これを積極的に指導して教会に吸収し、教会のまもりにつかせること、この指導に従わないものは異端として徹底的に弾圧することであった。そこからして彼のアルビジョア十字軍のはげしさと、他方における多数のより温和な宗教運動の弾力ある指導が理解されてくるのである。アシジの貧者フランシスはまことに幸運なめぐりあわせを得たといわなくてはならない。

しかし問題はそれですむほどに単純ではなかった。イノセント三世の手腕をもってしても、民衆的性格のつよい宗教運動に対する高位聖職者の偏見をとりはらうことは容易ではなかった。宗教運動者の徹底した無所有に対する熱情は封建貴族化した高位聖職者の反感をそそるに十分であったし、巡歴説教師として、一所不住（所属教区をもたない）の宗教運動者は、一般に司教にとってまことに扱いにくい存在でもあった。そのうえ、宗教運動が公認の団体となり民衆をひきつけることは、一般の教区聖職者ばかりでなく、既存の修道会にとっても迷惑なことであった。したがって新しい宗教運動の公認に向かおうとするイノセント三世の政策は、このようなカトリック教会内部の反対をおしきってはじめて行なわれうるものであったのである。

これは一般の読者には耳なれぬ説明であろうし、カトリックの信者にとっては容認するのに辛いことであるかもしれない。しかし事実はまさにこのようなものであったのであり、それなればこそフランシスの「小兄弟団」はいつ認可されたのか——会則の最終的認可は一二二三年だが——その正確な日付もわからないのだし、またふつうイノセント三世の事績の一つに数えられる第四回ラテラノ公会議も、イノセントの素志とは必ずしも相容れない内容をもっていたのである。

さらに重要なことは、その政策の危機的な性格のゆえに、イノセント三世の時代は法王権の最盛期でありながら、すでに後年の教会分裂の因子である司教主義＝公会議至上主義の種子をまいたものと考えられる面があるのである。法王イノセントの悩みは小さいものではなかった、といわなくてはならない。

◉ローマ法王権の負い目

　これまでわたくしは、イノセント三世と聖フランシスの出会いのもつ意味について書きつづけてきたが、その要点は次のようなものであった。すなわち、フランシスの出現はカトリック教会の危機をあらわす広汎な宗教運動がその最高潮に達したときにあたり、これに対処したイノセント三世の政策が、教会内部の反対をおしきってとられた、これまた危機的性格のものであったということである。イノセントはいわばそれまでにカトリック教会内に蓄積されてきた矛盾を解決することによって、比類のないカトリック的統一を実現したが、それはまた同時に中世末期にまでつながるカトリック教会発展の対立契機＝矛盾を新たに育むものでもあったのである。

　ところでイノセントは、このようにして、彼が見いだした矛盾＝宗教運動の高揚の決済者ではあったが、彼自身はむろん矛盾増大の責任者ではない。それではその責任はだれに帰するのか。これはむずかしい問題である。これを解くことはほとんど十字軍時代のヨーロッパという壮大な史劇を書くにもひとしい苦労が要る。というのはこの時代をいろどる宗教運動は、決して単なる宗教史や教会史の問題ではなかったからである。そこにはこの時代の主要な政治・経済・社会の問題の多くが直接間接に関係しており、それがまたそれでおのおの長く複雑な歴史をもっている。ここではまず問題を主として宗教関係の事柄に限定して、宗教運動の根源とその展開をたどり、だれがその責任を負うべきものであったかを示唆することにしたい。

さて十二、三世紀のローマ教会が直面した宗教運動の理念は、一切の財物を放棄して福音書的清貧（山上の垂訓、マタイ伝十九章二十一節）に生きる「自由意志による貧困」と、イエスに従い、イエスがキリスト（メシア・救世主）であった事実を証し、その福音を述べつたえた――汝ら、全世界にゆきて、すべての被造物に福音を宣《の》べよ（マルコ伝十六章十五節）――「使徒的生活《ヴィタ・アポストリカ》」の実践の二点にあった。この運動に従うものはみずから「キリストの貧者」＝パウペレス－クリスティと称し、またひとも彼らをこう呼んだ。

清貧の理想はいうまでもなく、西欧修道制の開祖であるヌルシアのベネディクト（四八〇ごろ―五四七年）によって唱えられて以来、キリスト教界に親しい理念である。しかしそれは修道士の戒律としてであって、在家の人々の日常規範として掲げられたのは、この宗教運動とともにはじまるものであった。また十世紀のはじめにブルゴーニュに建てられ、十一世紀の教会革新に大きい影響をのこしたクリュニー修道院も、ベネディクト戒律の励行を根本理念としたが、修道士個人の清貧は説いても、修道院そのものの清貧にはまったくおもいいたらなかった。クリュニー的改革の盛行とともに数百の支修院を擁したクリュニー修道院の富裕はおどろくべきもので、十二世紀前半に完成したその大聖堂はヨーロッパ第一の規模をほこり、そのなかで行なわれる聖務典礼は荘厳をきわめた。次に在家信徒におよぶ使徒的生活の実践＝福音の宣教にいたっては、完全に新しい理念であったといわなくてはならない。

かくて福音書的清貧と使徒的生活の実践の二つをあわせた宗教運動は、ヨーロッパ中世史の本格的展開がはじまる十一世紀以降のものだということができる。しかしその開始期を厳密に定めようとするならば、早くとも十一世紀の末葉、主として十二世紀前半といわなくてはならない。十一世紀のはじめにも類似の動きがみられるが、それはもっぱら個人的散発的なものにとどまり、一つの宗派《セクト》を形成するにいたっておらず、いわゆるグレゴリウス改革と呼ばれる十一世紀中葉以来十二世紀前半におよぶローマ教会の改革運動（いわゆる司教叙任権闘争という法王と皇帝の司教任命権についての争いは、この改革の一部、あるいはそれにつながる現象）の時代に入ると、しばらく宗教運動は表面から消え、やがてこの時代の半ば、つまり十一世紀の末から一時に盛んになるのである。

このように考えるならば、グレゴリウス改革と宗教運動とのあいだには単なる並行関係以上の因果関係が予想されてくるのであるが、このことはグレゴリウス改革の時代にとったローマ諸法王の教義上の一つの立場＝秘蹟論と、主として都市に向けられた民衆の煽動をみることによって、一層その蓋然性をますのである。

グレゴリウス改革は、元来、聖職売買と聖職者妻帯という、教会に巣くう二大悪に対する教会浄化運動から出発するものだから、その改革にはまず腐敗聖職者に対するはげしい攻撃があり、彼らの執り行なう秘蹟《サクラメント》は単に無効であるばかりでなく、かえって有害である、したがって民衆は彼らの秘蹟にあずかってはならないと命ぜられるのである。改革者は、次に、この教会腐敗の根源は、王侯等俗人による聖職者任命権にありとし、これを否認するため、俗人による任命を聖職売買《シモニア》として、広義の異端概念のなかにとりいれる。これによってグレゴリウス改革は著しく政治的色彩を濃厚にし、同時に、その民衆アジテーションは一層激越となる。

ところで他方、十二、三世紀の異端や宗教運動のほぼすべてに共通なのは、グレゴリウス改革と同様の道徳的厳格主義《リゴリズム》であって、それらもまたグレゴリウス主義者と同じく、腐敗聖職者の執り行なう秘蹟は効果なく、その祝福は詛《のろい》にかわる、と叫ぶのである。

この二つの改革的要求のあいだには、あまりにも大きい類似がある。それゆえに十九世紀の学者の多くは、中世中期以降の異端を、勝利したグレゴリウス主義者のまいた種子から生まれたものとし、プロテスタンティズムをもふくめて、カトリック教会の分裂はカトリック教会みずからの負うべき責任としたのであった。

この考え方には多分の真実性がある。しかし、十九世紀の研究は結論を急ぎすぎたきらいがある。それはグレゴリウス改革と中世中期以降の異端とをあまりに直線的に結びつけすぎてしまった。ここに二十世紀の研究においては、両者の単純な結びつきではなく、それを媒介するものとして、十一、二世紀の宗教運動の意義を重視し、グレゴリウス改革→宗教運動→異端という、一連の発展系列を考えるようになった。これは研究上の大きい進歩であり、現在はこの発展系列の中間項である宗教運動の研究が一層精力的に進められつつある。

わたくしは、このような最近の研究の提示するところに従いながら、なお右の発展系列の内的必然性について、わたくしなりの論理をたどってみたいと思う。問題は、まず、グレゴリウス改革が目指した、あるべき教会の秩序とそれを実現するために用いた手段＝秘蹟論の悲劇的矛盾にある。この手段は後に詳細に検討するように、グレゴリウス改革の目的にいたる最捷径《さいしょうけい》ではあったが、カトリック教会の理念に反する手段であり、本質上この目的を否定する性質のものであった。この目的と手段とのあいだの矛盾が、やがて改革者自身のうえにはねかえってこなければならない。

宗教運動は、一部はグレゴリウス改革と同じ教会改革的要求から、一部はグレゴリウス改革における目的と手段との矛盾から生まれ、またこれによって助長されたものである。しかし、宗教運動はいわば星雲にもたとえられる発酵状態である。そのなかには正統と異端との両極に向かう要素がはげしく渦巻いている。問題はこれをどう導いてゆくかである。先にも一言したように、グレゴリウス改革後、保守化した法王権はその指導に失敗した。それは客観的にみれば、宗教運動のなかにみずからの分身を見いだした法王権が、驚きのあまり突如その半身を否認し、そうすることによって急激に反動化していったかにみえる。が事実はそのような認識があったとさえも思われない。しかし、結果はいずれにせよ、宗教運動の両極への分解、正統と異端との真正面からの対立となる。この、言葉の真の意味における教会の危機に直面し、はじめて宗教運動の本質を理解し、最も弾力的な方法で、その問題を解決しようとしたのが、イノセント三世であった。

彼はこれに成功した。最初に聖フランシスとの出会いをえがいたのは、それを象徴的に示すためであった。しかし、イノセントの成功は代償なしに済まされなかった。ここに中世教会史、ひいては中世史そのものの新しいディアレクティークがはじまる。

このように考えてくるなら、中世中期以降の宗教運動の急進化ないし異端化について、グレゴリウス改革にそのすべての責任を帰した十九世紀の研究は、二者択一的な黒白判断といわなくてはならない。歴史の発展はもっと複雑でもっと動的であった。しかしそれを十分に念頭におきながらも、ローマ教会はグレゴリウス改革をとおして生み出したローマ教会内部の矛盾を、イノセント三世にいたるまで、ついに自覚することも解決することもできなかったといってよい。この意味でまたローマ教会は、イノセント三世が聖フランシスに出会ったとき、グレゴリウス改革の開始以来、一世紀半にもわたって負いつづけてきた重い負い目を返す日を迎えたのだといってよいのである。

繰り返していえば、イノセント三世は、この負い目の直接の責任者ではなかったし、また彼自身、歴史のこのようなパースペクティヴをもちえたものでもなかろう。しかし、イノセントは、一人のローマ法王として、法王権に課せられた責任をはじめて自覚し、はじめてそれを果たそうとした法王であったことは確かである。彼は教会内部の強い反対をおしきって宗教運動の合法化をはかり、最後に聖フランシス——聖ドメニコに対しても同様なのだが、彼の運動はここにいう宗教運動とは別個の範疇《はんちゅう》に入る——に教会の門を開くことによって、その責任を果たした。イノセントは他のいかなる業績によるよりも、この責任の遂行において偉大である。とはいえ、イノセントによってグレゴリウス改革にはじまった問題のすべてが、また最終的に解決されたわけではない。新しい問題は、イノセントの解決策自体に内在していたし、またかくして最盛期のローマ法王権の担い手となったフランシス、ドメニコ両人のひらいた二大托鉢修道会の発展そのもののなかにもあった。

こうして中世末期のローマ教会は、教会の大きい分裂にまでいたる新しい宗教運動の高まりを迎えることとなる。だがそれは、グレゴリウス改革の歴史的意味をもさらに越える、中世社会におけるカトリック教会の発展そのものに不可避な、歴史のダイナミクスの問題である。

第二章

正統と異端の理論的諸問題

主観的真実に固執するものはつねに自己神化に終わる。
「教会」と「党」とはつねに異物を排泄して健康を維持する有機体に似ている。

◉正統と異端――言葉の意味から

本書の標題に選んだ「正統」と「異端」という言葉は、第一章においてもすでに何度か断りなしに用いてきているが、本論に進むまえに、まずその意味を明らかにしておかなくてはならない。概念の明晰さは何事によらず大切であるが、「正統と異端」の場合にあっては、それが問題分析の方法論に直結するものでありながら、一般にはかなり曖昧な意味で用いられていることが少なくないからである。

正統と異端という表現は、西洋でも東洋でも、元来宗教上の用語――一方でのキリスト教と他方での儒教・仏教——として用いられ、現在でも、この領域での用法が基本となるものであろう。しかしそれは、宗教と似た領域、たとえば世界観といった思想上の領域でも好んで用いられるし、またこれに立脚した政治においては一層しばしば使用されているといってよい。さらにそれは学問や文化の領域にもおよぼされ、常識的な用法としては、何事によらず、支配的な体制・傾向・潮流を正統とし、これに反抗する立場・行為を異端とするのが一般であるように思われる。これは決してすべて間違っているわけではないが、正統と異端の概念としてはあまりにも無内容で、問題分析の方法はどこにも見いだされないであろう。そこで次には、正統と異端の一般的用法の分析を手がかりとして、キリスト教における正統と異端の歴史的概念にいたり、本書の主題を解明する観点を明らかにしてみたいと思う。

まず正統と異端という言葉は、太陽と月、天と地などと同じく、相関的概念を示すものだといえよう。だがそれは、光と暗黒、善と悪、白と黒といった、相関的ではあるが相互否定的な対立概念ではない。断るまでもなく異端はどこまでも正統に対する異端であって、異教ではない。キリスト教と仏教は相互に異教であって異端ではない。正統と異端とはあくまでも根本を共通にする同一範疇・同一範囲に属する事物相互の対立なのである。

ところで正統と異端とは、相互に相関概念をなすものだから、各々が一義的・不変的内容をもつものではない。この点に正統と異端との流動性、つまり曖昧さをひきおこす理由があるのだが、たとえば――前記のところからして例は必ずしも適当ではないが――十九世紀のレッセ-フェールを原理とする典型的なイギリス資本主義経済は、保護統制を原理とする重商主義や、計画経済を原理とする社会主義経済に対して、それらがいずれも政治原理の革命的転換を必要とするかぎりにおいて、正統に対する異端というより、異教に近い色彩さえもっているが、同じく保護主義を採用した後進国ドイツの資本主義に対しては、明瞭に正統と異端の関係にあるといってよい。同じことは自由主義的資本主義の原型と二十世紀のニューディール以降の資本主義についてもいえるであろう。

しかし正統と異端の関係がより明確にあらわれるのは政治の領域である。十九世紀のヨーロッパ政治ではほとんど異教的存在に近かった社会主義が、二十世紀の前半、ソ連邦の成立によって一つの政治的現実になると、まずマルクス-レーニン主義が、数ある社会主義思想のなかで正統の地位を占めることになる。ついでソ連邦自体のなかで、スターリンとトロツキーの正統論争（一国社会主義と永久革命論）がたたかわされることになり、その後はスターリン死後におけるトリアッチの構造改革論から、毛沢東の人民民主主義にいたるまで、各種の社会主義があらわれることになる。この場合、正統はあくまでもマルクス－レーニン主義であり、これに対し各国の共産党指導者たちがそれぞれの国状に応じて実現しようとするその政治形態が、正統であるか異端であるかが問われることになるのである。

　ここで後述するところに関連して、社会主義諸国における正統と異端の論争は、マルクスにおける暴力革命的方法と議会主義的方法、レーニンにおけるアメリカ型の道とプロイセン的な道といった、根源的思想においてすでに対立している二要因の二者択一的解決の過度の強調に、異端を正統からわかつ点があるのではないかということは、一考しておく必要がある。

　次に、マルクシズムの政治的実現としてのソ連邦社会主義は、レーニンの昔からフルシチョフの現在にいたるまで大きい変貌をとげた。これは立場の相違をこえて認められる事実である。そしてソ連邦は現在自由主義世界と原則上共存するという態度をとっているが、これは一時的な政策でもまた原子力時代における新しい戦争観だけによるものでもない。それは対外的関係――そのなかには自由世界のみならず社会主義世界がふくまれる――と同様、対内的関係の顧慮によるもので、「雪どけ」や「自由化」、あるいは最近の新世代の動きに象徴されるソ連邦内の変化した現実によるものである。革命後二世代に近い今日、ソ連邦社会主義はその実現過程において、否応なしに現実との妥協を重ねてきた。その程度はレーニンの戦時共産主義からネップへの変化の手段的性格と本質的に異なるものであろう。これはソ連邦が、ないしは社会主義が、世界における異端の座から正統の座に坐るために、どうしても避けえない現実との妥協、よくいえば原則の発展の結果なのであった。ここに社会主義国家における正統と異端との新しい問題がある。

このように、政治の領域において、正統と異端の対立は最も明瞭であるとはいいながら、社会主義国家内における正統と異端の問題も、正統と異端とが、政治的現実に従って、つねに相関的にその内容を変えているので、何が正統であり、何が異端であるかを一義的・不変的にきめることはむずかしい。

ところで、その論争の過程で、対立する両陣営がつねに用いる相手方への批判は、修正主義という言葉である。これは理論の現実への適用にあたって、表面は本質に対する忠実を装いながら、実はその修正・転換・すり替えを行なっているという非難であろう。とすれば、正統と異端とは、現実にあってつねに相関的に流動しながら、しかもそれぞれ踏みこえることのできぬ限界を、内容または性格に関するある特定の規定をもっていることを示すものである。つまり、正統と異端とは決して実体的な概念ではないが、際限もなく流動的であることはできない。実体的概念ではなくとも、それに近い何ものかをもたなくてはならないのである。それを正統における客観主義、異端における主観主義と一応規定しておきたい。これはある程度、一方における全体的真理と他方における一面的真理の尊重といいかえることもできよう。しかしこういっただけでは、はなはだしく抽象的なので、これを具体的事例に即して説明する必要がある。

あらゆる正統と異端との問題の出発点には、預言者ないし始祖の言葉＝啓示が、正統の根本的テーゼとして必要である。しかしそれが人間と世界に対する全体的判断であるかぎり、それは種々その妥当性の程度を異にする大小テーゼの組合せからなっているのを常とする。それはたとえば「科学的」といわれるマルクスの社会主義の場合においてもそうなのであり、したがってその啓示の現実への適用にあたっては、必ずその解釈が問題となってくる。マルクスの歴史法則の現実への適用にあたって、レーニンの『ロシアにおける資本主義の発達』あるいは『帝国主義論』があったように、イエスの福音に対してはパウロの解釈が必要であった。そしてこの解釈の正統性と異端性を決定する基準となるのは、その解釈が全面的であるか、一面的であるかにある。

福音書のなかには、普遍的な妥当性をもつ規定から、きわめて限定された妥当性しかもたない各種各様の倫理規定がある。たとえば「汝の敵のために祈れ」という山上の垂訓には、「吾、地に平和をもち来たれりと思うなかれ、吾のもち来たれるは平和にあらずして刃なり云々」というマタイ伝十章の言葉が対立する。また山上の垂訓は人類永遠の倫理をあらわしながら、実生活の原理としては、しばしばその文字どおりの実行が不可能であるものが少なくない。「右の目、右の手のつまずき」「宣誓の禁止」「かくれたる場所での祈り」「蓄財・産業・労働のいましめ」等々、どれもが肯綮《こうけい》にあたりながらも、その文字どおりの実行が、ただちにその人の社会からの排除を招きかねないものが少なくないのである。こういった場合、対立する規定の二者択一的な決定は、一面的な正しさはもちえても、全面的な正しさは期待できない。したがって福音書の解釈にあたっては、相互に矛盾する、しかもそれぞれに真実性をもつ規定を総合的に合理化することが正統の立場を生み、その一面的把握は異端に通ずることになる。

またもしイエスの啓示のなかに、宗教と国家との関係について、「シーザーのものはシーザーに、神のものは神に」という言葉以外に見いだされないとするならば、現実の国家内生活においては、パウロの「ひと各々上に立てる権威に従うべし。権威にして神より出でざるはなく云々」（ロマ書十三章）という解釈が必要となってくる。また山上の垂訓の絶対倫理に対しては、「信仰の弱きものへのさとし」（ロマ書十四章）、なかんずく、「もしみずから制する能わざれば宜しく婚姻すべし、婚姻するは情の燃ゆるにまさる」（コリント前書七章）との戒めがあるのである。

キリスト教においては、パウロによって、イエスの教えの実践的解釈（全面的総合的合理化）が行なわれることによって、信徒の人間的・社会的な日常生活のすべてを包括することが可能となり、キリスト教が大衆宗教として、ローマ社会に根づくことができた。そこに批判の余地をもつ個々の点が残ることは、後年のルターの場合と同じくやむをえないことである。しかし、与えられた現実にあって、イエスの教えを最大限包括的に生かそうとするものであるかぎり、この実践的解釈には一面的真理の潔癖さには求めえない客観性があるのである。これが正統と異端との関係であり、それを客観主義と主観主義の対立といいかえることができるのである。

　このような正統と異端との対立関係は、キリスト教が奴隷や下層民衆の異端的信仰から、ローマ社会の正統信仰にまでいたる歴史的発展においては、さらに複雑な要因を加えてくる。たとえば、コンスタンティヌス大帝による三一三年のミラノ勅令（キリスト教公認）以前においては、キリスト教は政治と軍事に一切のかかわりをもたないのが原則であったが、その後においては、キリスト教会は軍務その他の市民的義務の遂行にあたり、積極的に信徒の国家への協調を義務づけるようになる。教会自身もまた無所有の使徒的共産主義の時代から、奴隷制を包含する大土地所有者にまで転身する。これに対し、後述するドナティスト異端は、口をきわめて、カトリック教会の国家や君主との関係を非難するのであるが、しかしこの場合にあっても、教会は、国家や君主を、ただ神の人類救済計画に仕えるかぎりにおいて、その存在を容認するのであって、キリスト教的自然法はつねに世俗や国家の法に優越し、その批判者たる地位を放棄してはいないのである。

　ところで、ここで注意しておきたいことの一つは、こうして客観的には現実との妥協・協調を重ねる正統信仰ないし教会にあっては、妥協・協調の一々の段階がすべて原理的検討をへているとされるため、決してそれ自体現実への妥協とか敗北の歴史とは意識されず、かえって啓示にもとづく俗世の教化、その勝利の歴史とされることである。さらにいえば、教会の歴史的発展は、啓示の現実的展開として神聖化されるということにもなる。ここに正統信仰における客観主義・伝統主義の基礎があるのである。

それは社会主義国家の正統主義の場合にあっては、たとえば「スターリン批判」という裏返しの、しかしより一層鮮明な形であらわれてくる。スターリン批判にあっては、正統の象徴と仰がれていた指導者そのものの否定であっただけに、ソヴェートとその友人にとっては、いわば早すぎた「アンティクリスト」の到来にも似た驚きがあったにちがいないが、それにしても、いやそれなればこそ、批判はスターリン個人の誤りにしぼられ、マルクス－レーニン的原則とその展開としてのソヴェート体制は、いぜんとして本質上無傷でなければならなかった。スターリンとその仕事は、いわば有機体の自己恢復にも似た異物の排除、排泄として処理されることになる。カトリック教会における客観主義、つまり教会はその機関である聖職者の徳性とは無関係にその神的不可侵性を保つという主張も、これと同一の論理に立っているが、この点はカトリック教会の秘蹟論との関係で再説する。

異端は正統あっての存在であるから、それ自体のテーゼはなく、正統の批判がその出発となる。批判の基準となるのは正統と同じ啓示であり、これによって正統教会による啓示の解釈とその現実との妥協・協調の歴史がその対象となる。したがって異端のテーゼはつねに啓示への復帰であるが、その啓示は全体的にではなく部分的に、つまり異端の主観的真実に合致するかぎりにおいて受け取られ、またより文字どおりに解釈され、その現実への適用可能性は相対的に軽視ないし無視せられる。つまり理想（啓示）と現在とがその間にあるべき実現の過程を省略して端的に一体化してとらえられる。したがってそのかぎりでは、異端はきわめてラディカルな理想主義の形態をとり、この理想にたえられるための強烈な精神の緊張を要するという意味だけでも、主観主義的とならざるをえない。それはまた現実との妥協を可能なるかぎり排除するものであるから、道徳的には英雄的なリゴリズムを必要とし、その信徒は必然的に少数たらざるをえない。それはまた歴史と現実の革新を企てるものであるから、ラディカルに反社会的であるか、ないしは社会に対しまったく無関心であるかであるが、いずれにせよ主観的理想への意識の緊張を持続する必要から、終末観的ラディカリズムに向かう傾向を示すことが多い。

これに対して正統は社会＝俗世の不完全さをその出発点における前提とするので、人間と社会の欠陥に寛容であり、それとの妥協をただちに認めるものではないが、その教化教育を使命と考える。そのために正統は万人に対し、エリートのための道徳、道徳的英雄主義を求めず、一般人の道徳とエリートのそれとの二元主義――「男の女にふれざるは善きことなり、しかれど不義におちいらざらんがためには各々妻あるべく、女も各々夫あるべく」(コリント前書七章)――をとり、在家の信徒とその道徳的模範たるべき道徳的英雄主義の組織的追求者としての修道士の存在をみとめる。

しかもこの二元主義が二元的分裂におちいらないため、不断の自己更新・理想の自覚(聖体の秘蹟)が要求され、また悔悛(秘蹟)と自己批判が一般的道徳の倫理規定のなかに入るのである。この悔悛と自己批判はしかしつねに一般人の倫理規定であるばかりではなく、理想と現実との距離を直視する正統にあっては、エリート、すなわち道徳的英雄主義の実践者自体にも要求され、完全に孤立的な理想の追求(隠修士)よりは、団体的なそれ(修道院)が選ばれ、エリートのエリートを選んでそれへの服従を誓わせることによって、重すぎる個人責任を軽減し、道徳的フラストレーションを防止するのである。

このことは異端と目される団体にあっても、それが長期にわたって持続し、より広範囲のメンバーを包括するにいたるときは必ず看取される現象であり、たとえば後述する十二、三世紀の異端であるカタリ派、ワルド派における平信徒＝クレデンテスと指導者・達識者＝ペルフェクテスとしての分離はそれである。万人司祭説をとるプロテスタンティズムにおいても、やがて牧師と信徒の区別が生じたのも同じ理由によるものであり、プロテスタンティズムの極限形態としての無教会派は、原則に最大限忠実であろうとする結果、その普及は最少にかぎられているが、ここでも最小限の指導者を欠くことはできない。

さて以上に述べた正統と異端の客観主義と主観主義という対比的考察を前提として、次に主題となるカトリック教会と異端団体の教会制度の差について述べることができる。

第三章　キリスト教的正統論争の争点——秘蹟論

聖徒による洗礼は、罪人のそれより効果があるとはいえない。なぜなら、真に洗礼するのは、キリストだけだから。

クリュニー修道院長オドー

◉キリスト教における正統と異端の争点

トレルチの古典的定義に従うならば、カトリック教会の本質は、その客観的制度としての性格にある。ということは、客観的に存在する歴史上の教会が、その聖職者の位階的秩序《ヒエラルヒー》ともども、神の人類救済のための恩寵の施設である、ということを意味する。人々が感覚的に把握しうるものが、同時に超自然的秩序の一部にほかならないのである。教会が摂理にもとづく恩寵の施設であるということは、教会が神のひとり子キリストの受肉《インカルナチオ》（マリアにより人となったこと）の帰結であり、永遠に存在するキリストの体軀そのものであることを意味する。教会のもつこの超自然的意味は、キリストによる使徒ペテロへの依託、「吾もまた汝に告ぐ、汝は磐《ペテロ》なり、吾この磐の上にわが教会をたてん。かくて地獄の門これに勝たざるべし。吾また汝に天国の鍵を与えん、すべて汝が地上にて繋《つな》がんところは天にても繋がるべく、またすべて汝が地上にて釈《と》かんところは、天にても釈かるべし」（マタイ伝十六章十八、九節）といういわゆる鍵の伝承により、歴史的にも論理的にも保証されている。この「鍵」の保持者、第一使徒ペテロを初代の司教とし、代々の法王によりその権威をうけつぐローマ教会は、みずから超自然的摂理のこのうえない明証をもつものなのである。カトリック教会の信仰は、すべて超自然的であるとともに現実的・歴史的であるこの教会への信仰を根底としている。

この恩寵の客観的組織であるカトリック教会に対し、異端の教会は自覚した成員の自由意志による共同体であることを特徴とし、それは成員をはなれて客観的な価値をもたない。恩寵はこの共同体のなかに実現され、また確保されるが、それは成員の自覚的努力を前提とし、またその成員に属するものであって、共同体そのものに属するのではない。そしてまさにこの恩寵への参与という問題において、異端とカトリックのあいだには決定的な差が生ずるのである。正統と異端との決定的争点もこの点にかかっている。異端は恩寵への参与をただ成員の自覚的努力に依存させるため、幼児洗礼を認めず、洗礼はただ自覚的改宗のみを前提とする。発達した異端の教会にあっては、聖霊の伝達手段として一種の按手礼＝コンソラメントゥムをもつ場合（カタリ派、ワルド派）があるが、一般には制度としての恩寵伝達の手段を否認する。

正統・カトリック教会にあっては、これに反し、恩寵への参与は完全に合理化され制度化される。教会は神の人類救済の施設であり、そのままに恩寵の宝庫なのであるから、教会の営みに参加することはとりもなおさず恩寵への参与を意味する。この営みは第一使徒ペテロをとおして教会の長たるキリストの依託をうけた聖職者の執り行なうところである。しかし人間は原罪を負うものであるから、生まれながらにして恩寵のもとに達することはできず、ましてひとに恩寵を伝える聖職者たりうるものではない。これを可能にするのが、神がキリストをとおして教会内に創設した秘蹟＝サクラメント、洗礼と叙品の秘蹟にほかならないのである。

この二つの秘蹟のうち、洗礼は同時にあらゆる異端にも共通である。しかし異端の場合、洗礼はつねに自覚的改宗を条件とし、それがとりもなおさず異端の共同体＝教会への加入を意味しているのに対し、カトリック教会にあっては、成長後の改宗を除き、洗礼は原則として幼児に与えられる（幼児洗礼）。この点にカトリック教会と異端の洗礼の相違点があるが、またこれを敷衍していえば、異端は教会内に生まれえないが、カトリック教会では、ひとは教会のなかに生まれるといえるのである。

　さて洗礼と叙品の秘蹟は、それ自体恩寵にほかならないが、しかし洗礼はひとが教会に属し、キリストの体軀の一部となり、霊的生活の他の恩寵＝秘蹟にあずかるための条件、その関門をなしている。他方、叙品は、こうしてキリストの一部となったキリスト者に、霊的生活の他の恩寵＝秘蹟を伝えるための資格を、ひとに付与するところのものである。こうみてくれば、カトリック教会とはまさに秘蹟共同体であるといえるのであって、それを秘蹟教会《サクラメンタル・チャーチ》と呼ぶのは、まさにその本質をあらわすものである。ここにまた洗礼以外の秘蹟を拒否または軽視する異端との大きい相違点がある。

　しかしそれ以上にカトリック教会と異端との差を明示するのは、その秘蹟論である。カトリック的秘蹟論を特徴づけるものは、その徹底した職務論的性格であり、カトリック的客観主義はここに最も明瞭にあらわれるとともに、異端との対立における最大の争点ともなるものである。すなわち、カトリックの理論によれば、恩寵伝達の行為である秘蹟は、それが秘蹟創設の趣旨に従って、いいかえれば「聖三位一体の御名への呼びかけ」をもって執行され、受領者がカトリック的信仰において受領するかぎり、秘蹟執行者の人格とはまったく独立に、その効果をあらわすというのである。

このような立場は、やがて述べる一時の論争や混乱を除けば、史料的にたどりうるかぎり、その根本においては、ほぼ三世紀以来一貫して主張されつづけてきたようにみえる。しかしその総括的な表明は、一四三九年、フィレンツェ公会議において発せられた法王エウゲニウス四世の大勅書《ブラ》のなかに見いだされる。この大勅書は、同時に、カトリック教会における七秘蹟〔洗礼・堅振・悔悛・聖体・婚姻・終油（塗油）・叙品〕を最終的に確立したものであるが、洗礼を規定した第十章には、次のように述べられている。「洗礼が効力をもつ根本理由は聖三位一体であり、外部にあって秘蹟をつたえる司祭者《ミニステル》は道具なのであるから、聖三位一体への呼びかけによって秘蹟は成就する」、「危急のさいにあっては、単に司祭または助祭が洗礼を施しうるだけではない。俗人、女性、いな異教徒《パガーヌス》や異端《ヘレティクス》でさえ、教会の定める言葉《フォルマ》を用い、教会の為すところを為さんとするかぎり、同じく洗礼を施しうるのである」と。

洗礼は、さきにも述べたように、通常、幼児に対して施されるものであり、もともとカトリックの信仰告白は不可能であり、また他方、幼児は信仰告白にいたる以前に死亡する危険（それはとりもなおさず堕地獄の危険を意味する）をもつものであるから、その規定はおのずから他の秘蹟とは異なるはずである。しかしまさにそのことのゆえに、洗礼秘蹟にあって、カトリック秘蹟論の客観主義的性格は一層鮮明にあらわれるといってよい。

また宗教改革ののち、プロテスタンティズムの攻撃に真正面からこたえながら、伝統的カトリシズムの立場を全面的に主張し、近世カトリシズムの一切の規準を明確にしたトレント公会議の秘蹟教令は、その第十二条において、秘蹟の執行一般を規定しつつ、「もしひとあって、致命的な罪にある司祭者は、たとえ秘蹟執行に必要な一切の要件をまもったとしても、秘蹟を執行したり与えたりすることはできない、というならば、そのものは破門さるべし」と述べている。このなかで致命的な罪といわれているものは、意識的・計画的に神の救済計画を否定し、その代償を被造物のなかに求めようとするものので、成聖恩寵の喪失と永劫《えいごう》の断罪をその罰として受けるものをいう。したがってこのような司祭者であっても、秘蹟の執行要件をまもる場合には、効果ある秘蹟を与えうるというのであって、秘蹟の超越的性格と司祭者の道具的性格は、このうえなく明瞭にされているということができるであろう。

ところで問題は、このような意味でのカトリック的客観主義こそ、異端にとっての、あるいは異端的思考にとっての、カトリック教会攻撃の最大の論点であったという点である。カトリック教会ももとよりその聖職者の徳性を求める。しかし万一その聖職者が徳性に欠けるか、さらに進んで罪に陥っている場合、その罷免《ひめん》・贖罪《しょくざい》が行なわれる以前に秘蹟が施与せられた場合――それは秘蹟教会としてのカトリック教会にあってはつねにおこりうる――その秘蹟ははたして有効か否か、という問題はたえずカトリック教会が直面しなければならぬ深刻な問題であったのである。カトリック教会は、ここに一つの極限状態を仮定してその回答を与えることにより、おこりうべき一切の疑問にこたえようとしたものである。

このような問題は、理論上、以上にみた洗礼の場合ばかりではなく、七秘蹟のどれについてもおこりうるはずであり、瀆聖《とくせい》聖職者の執行する秘蹟は有効か否か、という一般的な形に還元することができる。しかしこの問題に関し、実際におこった論争において問題になったのは、主として洗礼・聖体（聖餐）・叙品の三秘蹟である。そしてこの三秘蹟のなかでも、聖体はカトリックの瀆聖聖職者に対する攻撃の場合が多く、論争の圧倒的多数は、洗礼と叙品に関係している。洗礼は前述のような極限的事態に関係しやすく、したがって理論的考察に便であるからと考えられるが、事実、論者の考え方としては、たとえば後に述べるペトルス＝ダミアニの例にみるように、これによって他のケースをも同時にあわせ説明しようとした意図が明白である。

しかし秘蹟論争においてより一層重要な意味をもったのは、叙品の秘蹟であった。というのは、この秘蹟は秘蹟を司掌する他の聖職者の叙任に関係するために、その影響するところはきわめて広汎に及んだためである。すなわちある司教なり法王なりが罪をおかし、瀆聖聖職者とされた場合、もしこの司教・法王の行なった数多くの叙品が無効となった場合には、それによって品級（聖職者の地位）を得たすべての聖職者はその地位を失うわけであるから、教会の日常聖務は放棄せられ、信徒は途方にくれざるをえないのである。しかも中世にあって、聖職者が罪におちいる可能性はきわめて高い。それはそれ自体はなはだ数多い不品行――妻帯・不義・かくし妻（ただし下級聖職者には妻帯の禁はない）――のゆえばかりではなく、貴族身分と密接に結びあっていた高位聖職者の、しばしば常識となっていた聖職売買＝シモニアのゆえである。したがって教会における政治的権力闘争が生じた場合、相手方の罪をいいたててそれが執行した叙品秘蹟の無効を宣言することは、最も効果ある闘争方式となりえたのである。しかしより重要なのは、教会の一般的綱紀退廃のあと、規律刷新を目指す改革が行なわれたときであった。この場合、改革者は常識的には当然瀆聖聖職者の執行した叙品の無効を要求するであろう。

しかも道徳的な意図と意識においてそうするのである。

しかしカトリック教会においては、どのような道徳的な要請もこえることのできぬ一線があったのである。それはすなわち洗礼《バプティスマ》・堅振《コンフィルマチオ》・叙品《オルディナチオ》の三秘蹟にあっては繰り返しが認められないことであった。その理由は、この三秘蹟は「主の印《ドミニクス・カラクテル》」または「消えぬ印《カラクテル・インデリビリス》」を受領者の心に刻むもので、「印」の上に「印」をきざもうとするのは、このうえない瀆神の行為にほかならないからである。

そこでこういうことになる。もしある悪名の高い司教が歿したり、罷免されたりしたとき、後任者が政治上ないしは道徳上の理由から前任者の叙品を否認しようとした場合、その叙品にかかるすべての聖職者を罷免することは、予想される教会の混乱からして不可能であるから、前任の瀆聖聖職者によって叙任されたすべての聖職者に対し、彼ら自身瀆聖の罪がないかぎり、なんらかの理由によって再度叙品を行なうのである。

ここに利害対立する両派のあいだに、または秘蹟に関する教義の理解を異にする両派のあいだに、瀆聖聖職者の秘蹟は有効か否か、再洗礼・再叙品など秘蹟の繰り返しは可能か否かについて、はげしい論争が行なわれることになるのである。この論争をわたくしは「秘蹟論争」と名づける。

秘蹟論争の一般的性格については以上でほぼ十分であろう。個々の秘蹟論争にあって、それぞれに固有なはげしさを加えた事情については今後の叙述にゆずるとして、ここでそのまえに指摘しておきたいのは、この論争において対立した二つの立場が、それぞれさきに指摘した正統と異端との対立、つまり信仰上の客観主義と主観主義に結びつくということ、そしてカトリック教会のこの論争、つまり瀆聖聖職者による叙品は有効か否か、という問題に対する結論は、違法ではあるが有効＝イリキター・セッド・ヴァリダであり、したがって、再叙品ないし秘蹟の繰り返しは不可である、ということである。

なおこの秘蹟論争がどうして十二、三世紀の異端ないし宗教運動に結びつくかも、秘蹟論争そのものの叙述から自然に理解されてくるはずである。

◉中世秘蹟論争の系譜

中世ローマ法王権の最大の勝利の一つである十一世紀のグレゴリウス改革は、その一面において、中世ローマ教会史上最も重大な秘蹟論争を記録するところのものでもあった。この秘蹟論争なしにはその後の諸法王を悩ました宗教運動も異端の動きも考えることはできない。ところが他方この秘蹟論争は、しばしば「ドナティスト論争」の「再版」といわれるように、その重大な前史をもっている。

グレゴリウス改革においてカトリック教会の伝統的立場を代弁したローマ教会の枢機卿、聖ペトルス＝ダミアニはドナティスト論争における聖アウグスティヌスの立場を継承するものであったが、他方、グレゴリウス改革の急進的理論家たち、すなわち枢機卿フンベルトゥスからデウスデディトにいたる人々は、おなじくドナティスト論争における異端的秘蹟論のイデオローグ、聖キプリアヌスの教説をつぐものであった。両派の論戦には右の両教父の言葉が文字どおりにひかれてさえいる。これまでの説明の関連からいえば、アウグスティヌスは客観主義的、キプリアヌスは主観主義的秘蹟論の代表者である。そしてドナティスト異端に関していえば、アウグスティヌス説はローマ教会の正統教説とされたのであった。

伝統と伝承を重んずることのあついカトリック教会において、なぜ、同じ性質の秘蹟論争がかつての代弁者の名において、しかもこのたびは正統と異端がいわばそのところを代えて争われねばならなかったのか。これはきわめて重大な問題である。そこにはそうなるべき十一世紀そのものに内在する問題があった。しかし他方、四、五世紀にすでに確立されたとみられるローマ教会の伝統、いいかえれば客観主義的秘蹟論が、まだ十分な意味で伝承をも伝統をも形成していなかったのだ、というべき反面がある。カトリック教会史の一般的・常識的見解では、中世前期の教義史・教会史の問題は、アウグスティヌスとレオ一世、ことにグレゴリウス一世らの「大」法王の業績によって、すべてが説明されるきらいがある。それは相当程度あたってもいる。それほどに彼らの業績は偉大であった。しかしアウグスティヌスやグレゴリウス大法王が時代とともにその偉大さをませばますほど、歴史の実際における彼らの役割が誇大視され、ときに歪められてしまうことはさけられない。この危険は伝統を尊ぶカトリシズムにおける以上に大きい場合は少ない。秘蹟論争をかえりみる場合、わたくしはこのことを痛切に感ずるものであり、ここにまた十二、三世紀の異端・宗教運動を検討するにあたって、グレゴリウス改革からではなく、さらに数世紀を遡った四、五世紀のドナティスト論争から出発しなくてはならぬ理由がある。

◉聖アウグスティヌスとドナティスト論争

およそ人間世界の事物で時空の制約をまぬかれうるものはない。いいかえればすべては歴史的につくられたものである。預言や啓示の真理はこの制約を受けること最も少ないものではあるが、なおかつその制約のもとにあると考えなくてはならぬ。これは啓示の真理を学問的に取り扱おうとするかぎり、だれでもが認めなければならない前提である。このような自明の事柄を強調するのは、預言や啓示を出発点とする宗教史にあっては、それらがとかく超歴史的に一義的内容や価値をもったと考えられやすいからである。預言や啓示が経典として与えられている世界宗教の場合、その歴史にはたしかに他の歴史とは異なった客観性があるのであるが、しかしいかなる正統も異端もただ歴史的に形成されたものである、とすることはやはり正しいのである。今日七つとその数を限定されているカトリック教会の秘蹟《サクラメント》は、十二世紀半ばのペトルス＝ロンバルドゥス以前には十幾つとも数十とも数えられていた。洗礼や堅振のような重要秘蹟もその内容が最初から明確だったのではない。秘蹟執行の方式・典礼、その神学的説明もまた多くの対立や論争ののちに、はじめて現行のものにおちついたのである。

さて秘蹟の理論が主観主義・客観主義という対立する二つの立場から秘蹟論争として争われた最初の例は、記録のたどりうるかぎり、法王ステファヌス一世とカルタゴの司教キプリアヌスとのあいだに交わされたものであった。しかし対立する二つの立場はそれ以前からあった。アジアの諸教会は主観主義的であり、ローマを中心とした西方教会は客観主義的であった。そしてその中間に位置する、カルタゴを中心とする属州アフリカの教会は、はじめ西方教会の影響下にあったのに、キプリアヌスがカルタゴの司教であったときにアジア教会の主張と合流するにいたった。

このきっかけを与えたのは、ローマ皇帝デキウス（在二四九―二五一年）の治下におこったキリスト教徒の迫害であった。迫害は一方では聖職者や信徒の、あるいは真実の、あるいは方便的な棄教を、他方では大胆な信仰告白と殉教そしてその讃美を生んだ。デキウス帝の時代はアウグストゥスの元首政《プリンキパートゥス》がディオクレティアヌス以降の専制帝政《ドミナートゥス》に変わるローマ帝国の大転機、軍人皇帝時代（一九三―二八四年）のさなかにあたり、奴隷経済の崩壊にともなう社会経済的危機が深まっていた時代である。帝国の西方、ことに属州アフリカはこの危機の中心に立っており、自由農民《コローヌス》が農奴的土着農夫《コロナートゥス》におちるとともに、「ものをいう道具」にすぎなかった奴隷が、次第にその地位を改善して農奴化していた。この下層農民のあいだにもキリスト教は深く浸透し、その強固な地盤がつくられつつあった。

このような政治的・社会的環境は、迫害にさいして、宗教的ファナティシズムの良い地盤を提供するものであったに相違ない。みずからも、デキウス帝のそれにつづくヴァレリアヌス帝下の迫害に殉教したキプリアヌスは、最初の迫害にさいして行なわれた棄教と棄教者、とくに棄教聖職者の再度の教会への受け入れにさいし、教会のとった寛容な態度に我慢ができなかった。そこで彼は、ヨハネ伝二十章にみえるイエス刑死後最初の弟子たちへの出現にさいして行なわれた、弟子たちへの聖霊と使徒権能の賦与の条をひいて、洗礼を施し罪の赦しを与える力は使徒と同じく聖霊にみたされているものだけにかぎるとし、さらに同じヨハネ伝九章三十一節の所伝、「神は罪ある人にきき給わぬ」にもとづいて、瀆聖の司祭の行なうミサと祈禱の価値を否定し、いかなる理由にもあれ迫害に屈した聖職者の聖務は効果なしとしたのであった。

キプリアヌスの主張にこたえた法王ステファヌスの書翰は完全にはつたわらず詳細は不明であるが、ともかくも行き過ぎた信仰告白や殉教讃美のファナティシズムはローマ教会の戒めたところであり、迫害への方便的な譲歩が聖職者にも認められたことは、キプリアヌス自身の言葉からして明らかである。しかし秘蹟論争のより大規模な対立は、約半世紀後、同じ属州アフリカでおこったドナティスト派異端の登場とともにあらわれた。

このたびも問題はキリスト教徒の迫害に関連しておこった。すなわち軍人皇帝時代の最後にあらわれ、この混乱期を収束した皇帝ディオクレティヌアスは、キリスト教についても最後の組織的な大迫害を行なった人物であった。このさいにもカルタゴを中心とした属州アフリカの教会は急進派と穏和派の二派にわかれたが、それはキプリアヌス殉教後その急進的秘蹟論がここに深く根をおろしていたからである。急進派は穏和派を裏切者（原語トラディートルは聖書・聖器等の引渡人の意）と呼び、その聖務執行資格を否認した。

両派衝突の直接のきっかけとなったのは三一一年、カルタゴの司教に任ぜられたカイキリアヌスが、ディオクレティアヌスの迫害の当時、裏切者《トラディートル》とされたアプトゥンガの司教フェリクスから叙階せられた人物である、という理由で、急進派がこれを否認し、代わりにマヨリーヌスを選んだことにあった。そしてこのマヨリーヌスをついだのが、急進派のイデオローグであり、急進派にその名を与えたドナートゥス＝マグヌスであった。両派の激突は三一二年のカルタゴ公会議にはじまり、四一一年、皇帝ホノリウス治下に開かれたカルタゴ公会議までつづき、この公会議によりドナートゥス派は最終的に異端として弾圧しさられた。ほぼ一世紀にもおよぶこの争いは、前述の古代末期における政治・社会の大変動に随伴して、ローマに対する一種の民族的反抗運動を刺戟し指導したファナティックな修道士の団体、キルケリオーネスがドナティスト運動に合流したため、一層のはげしさを加えたものであった。

さてドナティストの歴史において、秘蹟論争に関係のある重要事件は、まず三一四年のアルル公会議であった。キプリアヌスの教説をうけつぐドナティストは、自派だけが真実の受難教会であるとし、カトリック教会を売笑婦にたとえ、その普公性《カトリック》を否認する。彼らは「キリスト教は王侯となんの係わりがある、司教は宮廷となんの係わりがある？」と叫び、このけがれた関係になずむカトリック教会は秘蹟を行ないえない、そして瀆聖の聖職者は、すでにそのことによって恩寵を喪失しているのだから、「与うべきものを持たぬものが、どうして与えることができよう？」、また「悪人の洗礼水は聖霊を欠き、かわりに裏切者の罪にみちているのだから」効果のあろうはずがない、それゆえ、彼らから洗礼を受けたものは、あらためて洗礼を受けなおす必要がある、というのであった。

このようなドナティストの主張に対し、アルル公会議が決定した要項は次のごとくであった。その決議の第八章は、「アフリカ人については、彼らが再洗礼という彼らだけの定めをもちいているので……異端のあるものが教会にきたときは、彼の受けた象徴《シンボル》が問いただされるべきである。もし彼が父と子と聖霊の御名において洗礼を受けたことがわかったならば、ただ按手のみが加えらるべきである」と規定している。これは異端の司祭つまりその資格を欠く聖職者の秘蹟も、三位一体の名において行なわれたかぎりは有効である、との客観主義的立場を表明したものである。

次に両派最大の係争点である裏切者＝聖物引渡人については、第十二章に、「聖書あるいは聖器をわたし、あるいは仲間の名を告げたといわれるものについては……彼らが単に言葉だけではなく、公けの行為において（裏切りが）探知されたものは、聖職から追わるべきである。それは彼ら（裏切者）がすでに何人かを叙任しており、しかもこの被叙任者が聖職にふさわしいものであるときは、件の叙任がこれら被叙任者の障碍とならないようにとのためである云々」とせられた。これは叙任に関する規定であるが、前記の洗礼に関するそれとともに、ほぼ法王ステファヌス以来のカトリック的立場を確認したものとみてよい。

アルル公会議は、大帝コンスタンティヌスがミラノ勅令によってキリスト教を公認した翌年にあたる。もはやキリスト教迫害はなかった。しかしカトリック教会がいまや国家権力の保護のもとに入ったことは、ドナティストの反感をさらに強めるものであった。皇帝は暴力的弾圧を停止して説得を用い多少の効果を得たが、コンスタンティヌス以後、ドナティストに対する弾圧はふたたび強化された。ドナティストはアフリカ以外にはほとんど浸透しえなかったが、ここでは、最後までカトリックと同数の聖職者を数えた。この問題の政治的解決は前述のように皇帝ホノリウスの仕事であったが、その神学的解決はアウグスティヌスのなしとげたところであった。アウグスティヌスがこの問題にどう対処し、またそれをとおしてどんなカトリック秘蹟論の基礎づけを行なったか、それが次の問題である。

アウグスティヌスは、だれしも知るように、古代と中世の転換期に生きた思想界・宗教界の巨人である。その『告白録』はそのままに異教的古代の精神がキリスト教的中世に転生する記録である。彼はまた、民族大移動がその初期の荒々しさを最もよく発揮した時代に生き、その生地でしかも彼自身司教職を奉じたアフリカのヒッポにおいて、ヴァンダル族のひたよせる足おとを聞きつつ歿した。たしかに彼は言葉の真の意味での危機に生きた人物であり、その体験なくしては、主著『神国論』は生まれでなかったであろう。

しかしキリスト教の大きい歴史からみれば、彼の活動したのはその公認後一世紀にあたり、キリスト教はすでに国教の地位を得ていた。蛮族の到来が再燃させたアリウス派やゲルマンの神々との対立はあっても、キリスト教自体には、主の再臨の日の近きをおそれ、社会や国家に無関心たるべき終末観の時代ではなかった。蛮族の侵入がどのようにはげしくまた「世の終わり」を告げるようであっても、「天国の福音が、……全世界に宣べ伝えられるまで」(マタイ伝二十四章十四節)はそれはこないとの確信をもって、召命に献身するのが聖職者のつとめたるべきであった。そのためには国家と社会に対する現実的で弾力ある態度が必要であり、あくまでもキリストの啓示に忠実でありながら、キプリアヌスのファナティシズムも盲目的な道徳的理想主義もともに排せらるべき時代であった。聖職者はまさに「この世」に生きる信徒のために配慮し、そのための教会の組織と教義の体系を確立する必要があった。この時代の要求にこたえ、しかも十二分にそれをなしとげたのがアウグスティヌスであった。

彼がドナティストとの対立を通じ明確にしたカトリック的秘蹟論の特質は、次の三点に要約される。第一は、洗礼と叙品の秘蹟における「主の印」の理論、第二は、秘蹟と秘蹟効果の区別、第三は、カトリック教会内の「聖者共同体」論である。

アウグスティヌスにとっても、教会は神の施設であり、そのなかには人類の救いのため、一定の教えと秩序とが確保されている必要がある。この必要からして、司教が神によって任命されている。司教の職務と彼らによって維持される教職制度には、本来聖霊が宿っているのであるから、司教をとおして行なわれる宣教――主の言葉の伝達――や秘蹟の効果は、司教その人の人格に付着する偶然的属性にはなんらかかわるところがない。

ところで人々がこの教会の一員となり、あるいは聖職を担当するのは、洗礼と叙品の秘蹟による。この秘蹟は、兵士・貨幣・羊に印が刻まれてその所属が示されるように、人々に「主の印《ドミニクス・カラクテル》」を刻む。キリスト者に刻みつけられたこの印は、たとえ彼が、その後、主に背き教会を去った場合にも、消えうせることはない。それゆえ、一旦洗礼を受けたものは、それをふたたび繰り返すことはできないし、またすでに「洗礼を失いえないものが、洗礼を与える権能を失いうるというどんな理由もない」のである。

だが「主の印」をおびることと、秘蹟の効果にあずかることとは、ただちに同一ではない。ドナティストの教会で受けた秘蹟もやはり秘蹟であり、受洗者は同じく「主の印」をおびる。しかしそれは、まだ秘蹟の効果を欠いているという点で、不完全である。キプリアヌスやドナティストが、異端や離教者《シスマティクス》の秘蹟を否定したのは、彼らが秘蹟とその効果を区別しなかったことからおこった誤謬である。秘蹟の効果は、異端者が唯一の真実の教会であるカトリック教会に帰一してはじめて生ずるもので、彼らがどんなに心ただしく罪にけがれることがないといっても、教会の外にあるかぎり、秘蹟の効果にあずかることはできない。

秘蹟から秘蹟の効果を生みださせるのは、ただカトリック教会だけである。「教会の洗礼は教会外にも存在しうるが、祝福された生命の贈物は、まさに磐《ペテロ》の上に建てられ、縛りかつ釈《と》く鍵をうけとった教会のなかにおいてしか見いだされない」のである。しかしこの教会とは、ただちに目にみえる教会と同じものではない。ここにアウグスティヌス独自の聖者共同体《コムニタス・サンクトルム》の理論が入ってくる。

「神は恩寵による秘蹟を、悪人を介してさえ与えるが、恩寵そのものは、神みずからによるか、ないしはその聖者をとおしてしか与えない」。アウグスティヌスは、この聖者を、聖霊にみたされ聖霊を伝えるものと規定しているが、この聖者のつくる共同体なるものは、全体としてのカトリック教会のなかに、外面的な法規によって可視的に存在するものとはせず、まったく無形のままに機能するものとした。

このような純精神的な規定によって、アウグスティヌスは、単なる職制的理論をこえた深みを、その教会理論に与えるとともに、道徳的完全さへの要求が宗派《セクト》・異端の形をとって、教会の統一をやぶることをおさえることができた。トレルチ流にいえば、この聖者共同体論は、カトリック教会の道徳的二元主義、いいかえれば修道士と一般教会聖職者ならびに平信徒のもつ、二種の道徳の併存とそこから生ずる道徳的緊張の論理に基礎を与えるものともいえるであろう。

以上はアウグスティヌスがたびかさなるドナティストとの論争において提出した秘蹟論の要点である。彼はこの論争に勝った。ドナティストは次第にその論理をかえ、最後には対人的な非難やカトリック教会の俗世との妥協について批判する以外に論点を失った。ドナティズムはまた、主としてアフリカに限定された運動であったので、ホノリウスによる政治的抑圧、アウグスティヌスによる教義上の論破によって、この道徳的過激主義の危機は一応カトリック教会から去った。アウグスティヌスの秘蹟論はこんご長くカトリック教会の秘蹟論の公式規準とせられ、多くの法王や聖職者は彼の言葉をもって、カトリック秘蹟論を語ることになるのである。

アウグスティヌスに関して最後に一言しておきたいことは、彼がその言葉こそ用いなかったにしても、十三世紀以来、秘蹟論におけるカトリック的客観主義を示すものとされる事効論――エックス－オペレ－オペラート＝為されたる業により――をその本質において完全にとらえていたことである。これはアウグスティヌスの「主の印」が、中世以降、「消えない印《カラクテル・インデリビリス》」として、秘蹟論の公式用語となったこととあわせて知っておく必要のある事柄である。

しかしアウグスティヌスの秘蹟論の根本は、すでに三世紀半ばにでたキプリアヌスの相手、法王ステファヌス一世の所論にふくまれるものであって、この点からいえば、カトリック秘蹟論は、キリスト教がまだ迫害のさなかにあった時代から、すでに「事効論」的本質をそなえていたといってよいのである。これはローマ教会のパウロ主義を示すものといってよいのであるが、これがカトリック教会一般にどの程度妥当するかは、後述するように、かなりの疑点があろう。

なお事効論に対立する主観主義の立場は人効論――エックス‐オペレ‐オペランティス＝為す人の業により――である。

◉グレゴリウス改革以前の秘蹟論の明暗

ふつう、説かれるところに従えば、アウグスティヌスの秘蹟論は、イノセント一世（在四〇一―四一七年）、レオ一世（在四四〇―四六一年）、ペラギウス一世（在五五六―五六一年）、グレゴリウス一世（在五九〇—六〇四年）らの諸法王の確認をへてローマ教会の伝統のなかに固定され、フランク王国カロリング王朝後期の混乱にあっても、ランスの大司教ヒンクマールや法王ニコラウス一世（在八五八—八六七年）によって維持せられ、かくて中世に伝達されたものとされている。これらの代表的秘蹟論者のうち、ここではただ中世前期における最大のアウグスティヌス主義者たるグレゴリウス一世の秘蹟論だけをひいてみよう。

グレゴリウス一世は、犯した罪をかくして叙品されたある司祭の処置に関する質問について、次のように述べている。

「ところで貴下のいわれる、一旦叙品されたものが再度叙品さるべきかどうかということは、はなはだ滑稽なことで、もしかかる例が持ち出され、その事例とそれを行なったといわれる人物について判定を下す必要でもあるのでなければ、ご考慮の外におかるべきものである。……一度洗礼をうけたものが再度洗礼を施されえないように、一旦叙品されたものは、二度とその同じ品級《オルドー》に叙品されてはならない。しかしもし何びとかが軽罪をおかしたままで聖職についた場合には、その罪のゆえには悔悛が命ぜらるべきで、品級はそのままとさるべきである」

さらにまた同法王は聖餐に関して述べる。

「聖餐は教会のなかで、善良な司祭によって与えられても、悪徳の司祭によって与えられても、ともに神聖である。というのは、かつて使徒の時代にみゆべき業をもってあらわれたかの聖霊が、神秘的な仕方で聖餐に生命を与えているからである。それはまた善良な授与者の功徳によって増加されることもなければ、悪い授与者の悪徳によって減ぜられることもない。……これは吾らが主イエズス＝クリストゥスの体と血について、洗礼や塗油についてと同じく、考うべくまた守らるべきことである。なぜなら、それらのものにあっては、神の力が人目に立つことなく作用しているからであり、またこの力は人間のはたらきにではなく、ひとえに神に属するからである」

以上のグレゴリウス一世の秘蹟論については、それがまさしくアウグスティヌス的であり、法王ステファヌス一世以来の伝統的秘蹟論であるということ以外、とくに付け加える必要はない。同じことはさきにあげた諸法王の最後の一人であるニコラウス一世についてもいえる。その、ブルガリア人に与えた、しばしば引用される書翰は、異教徒ともキリスト教徒ともつかぬあるユダヤ人の与えた洗礼の効果如何についての質問にこたえているものである。それは判定のための先例の発見にある当惑のあることを感じさせるものであるが、判定そのものは、グレゴリウス一世書翰と同様に明確で一点の疑念も残さないものである。

ところでここに問題となるのは、もしローマ教会の秘蹟論が以上のように一貫したものであったとすれば、なぜドナティスト論争の再版ともいわるべきものが、十一世紀のグレゴリウス改革にさいしておこり、しかも改革につくした諸法王そのものの側に、ドナティスト的誤謬が生じたのかということである。このことの詳細は次に述べるところであるが、ここではそのまえに、ローマ教会の伝統的秘蹟論が、グレゴリウス改革以前においては、真の伝統を形成するにいたっておらず、はげしい教会政治の利害の対立にさいしては、ときに逆の解釈も行なわれえた、という点を指摘しておかなくてはならない。この点を明らかにするとともに、秘蹟に関する教義の発展を根底から研究しなおしたのは、フランスのサルテ神父であった。いま彼の研究『再叙品論』（一九〇七年）に従って、アウグスティヌス以後、グレゴリウス改革にいたる人効論的ないし主観主義的秘蹟論を、代表的な諸例についてみてみよう。

その最初の大規模な例は、法王ステファヌス三世（在七六八―七七二年）のもとに開かれた七六九年のローマ公会議であった。この公会議は、ステファヌスの前任者パウルス一世の歿後、この厳格な法王の政治に対する反動として、ローマ法王史上最初に、ローマ市貴族の党派が法王選挙に干渉し、俗人コンスタンティヌスを、わずか一週間のあいだに、聖職の各品級を歴任させ、最後に法王座につけたことに端を発したものであった。これが違法であることはいうまでもないことであって、コンスタンティヌスは正式の法王リストには載せられていない。しかしそれが単に悪意ある人々によって企てられた孤立した現象でなかったことは以下の叙述によって明らかになるであろう。

ローマ法王という宗教上の普遍的権威は、ただこれに対応する皇帝権という世俗的な普遍的権威の存在をまってだけ、その普公的《カトリック》な使命を果たしえたことは、中世史の数々の事例が証するところである。さもなければローマ法王の座は、つねに、ローマ市ないしはイタリアの狭隘《きょうあい》な地方的権力闘争の焦点となり、その実質ははなはだしくその名称を裏切るのである。このような意味で、当時ローマ法王権は、八世紀はじめにおこった聖像破壊運動をめぐって、東ローマ皇帝と争っており、さらに他方では、法王の苦境を利して中部イタリアに制覇しようとする北イタリア、ロンバルディアのランゴバルド族と対立していたことは、十分記憶されねばならぬところである。法王権はこの苦境を打開するため北方のフランク王国と提携し、そのカロリング王朝の創立をたすけ、みずからもその保護に頼っていた。しかしフランクは当時なおイタリアに常時干渉するほどの余力はなく、公会議の開かれた七六九年には、将来の大帝カールがフランク国王に即位した翌年であったが、この偉大な皇帝さえも継続的なイタリア政策を行なう余地をもっていたのではない。

さて違法によって即位した法王コンスタンティヌスは、在位十三ヵ月ののち、法王ステファヌス側のローマ教会助祭クリストフォルスとランゴバルド王デシデリウスとの共謀によってとらえられ、その一派とともに両眼をえぐられる残虐な報復を受けたのち、位を追われた。ところでコンスタンティヌスは、その在位中に、八名の司教をふくむ二十名の聖職者の叙品を行なっていた。問題の七六九年のローマ公会議は、コンスタンティヌスの罪状とともに、彼の叙品による聖職者の処置を確定しようとするものであった。客観的にみれば、ローマ教会は重大な岐路に立っていた。伝統的秘蹟論に従って憎むべき敵の行使した叙品を認容するか、あるいはこれを否認して教義上の誤謬におちいるか。

　このような主観的意識については詳《つまび》らかではない。ともかくもステファヌスは保護者フランク王ピピンに使いを派して来援を乞うた。しかしこの間、ピピンはすでに歿していたので、そのあとをついだ後の大帝カールと弟カールマンとが、七名の大司教と六名の司教からなるフランクの使節団を送ることにした。この使節団が四十名のイタリア側聖職者と七六九年のローマ公会議を開くことになるのであるが、このフランク使節団の参加は、会議の決定に後述するある傾向を与えることになったと思われる。

　会議はコンスタンティヌスを法王座の侵奪者《インヴァーソル》とし、彼の行なった叙品の無効を宣し、被叙品者は、「あたかも彼らがかつて叙品されたことがなかったように」あらためてステファヌスの叙品を受けるべきものとした。この決定が教会法上誤りであることは、これまでの叙述からしてすでに明らかであろう。侵奪者による叙品であっても、その手続きに誤りがなければ、「違法であっても有効《イリキタ・セッド・ヴァリダ》」でなければならない。

　しかし会議の決定をさらに不当なものとしたのは、コンスタンティヌスの行なった洗礼だけは有効としたことである。これは秘蹟論における混乱を示す以外の何ものでもない。これによってみれば、この公会議のもつ異常な政治的性格もさることながら、そもそもステファヌス三世が重大な二者択一を迫られたという意識をもっていたかどうかさえ怪しまれてくるのである。グレゴリウス一世歿後、一世紀を出ずしておこった神学的教養の低下も考慮に入れる必要があろう。しかしそれと同時に、フランク‐ガリア地方におけるアイルランド‐アングロサクソン系聖職者の影響＝主観主義的秘蹟論が、前記のフランク聖職者使節団によって、ローマ公会議にもちこまれたという可能性はさらに強い。この可能性は、カロリング朝文芸復興をへた後のガリアにおいても、いくつかの主観主義的秘蹟論が、政治的利害の対立にさいしては、当代一流の神学者たちによって主張されているのをみれば、一層現実性をもつというべきであろう。右に示唆したのは、一つはランス大司教管区（一説ではルーマンないしトゥール）において九世紀中に成立したとみられる『偽イシドール法令集』中にみられる例であるが、この有名な偽文書集は、その教会法上の博識においても驚くべきものなのである。その二つはふつう、正統的秘蹟論の代表者としてひかれるランス大司教ヒンクマールの主張であって、この高名の神学者も教会政治上の悪弊除去のためであったとはいえ、ときに伝統的秘蹟論をまげた例をもっているのである。

以上の事実は、法王ニコラウス一世のさきに言及した事例（八七ページ）があるにもかかわらず、ローマ教会の秘蹟論が決してアウグスティヌス→グレゴリウス一世の線に安定していたものではなかったことを予測させる。はたせるかな、ニコラウス一世歿後半世紀を出ないうちに、ローマ法王自体の秘蹟論の動揺がみられるのであるが、この不安定さは九世紀末からグレゴリウス改革の直前におよぶ、一世紀半にわたる中世ローマ教会最大の退廃期において、グロテスクなまでに拡大されるのである。いまその代表的な事例をあげてみよう。

この退廃期の出発点となったのは、カロリング朝末期をおそった政治的大混乱期のはじめにでた法王フォルモースス（在八九一—八九六年）の治世であった。フォルモーススは、ローマをめぐるイタリアの地方勢力の利害対立からその地位をまもるため、ドイツ王アルヌルフの援助を求めたが、国王の不時の死（八九六年）により、スポレト侯と提携したローマ市貴族の反撃に苦しみつつ、国王と同じ年に歿した。反対派におされて法王となったステファヌス六世は、フォルモーススの墓をあばいてその遺骸をひきだし、それをまえにして公会議を開いた。会議はフォルモーススの一切の聖職を剝奪して俗人とし、彼が法王として行なったすべての行為を否認した。そのなかにはいうまでもなく多数の叙品がふくまれていた。

こうしてフォルモーススの裁きをつけた会議（屍体公会議という）は、遺骸から法王のしるしをはぎとり、それによって祝福を与えた指を切断し、そのうえで遺骸を数日間無縁墓地に放置し、最後にティベル河に投げすてた。俗界の出来事としてさえ目を掩わせるような行為が、かくて使徒ペテロの名において、ローマ教会のなかで行なわれたのである。さすがにローマの市民もステファヌスの非道に憤激し、法王とその一味をとらえて絞首刑に処したといわれる。

しかし、当面する秘蹟論に関して、より注目されるのは、その後の諸法王の態度である。二代後のテオドールス二世（在八九七年）とその後任ヨハンネス九世（在八九八―九〇〇年）はフォルモーススの名誉恢復を行ない、あわせてその叙品の有効性を確認したが、その後にはヨハンネスの歿後一年未満の短期間に三人の法王が相ついで立つという、あわただしい動きがおこった。その後に立ったのはステファヌス六世以上に悪名高いセルギウス三世（在九〇四―九一一年）で、彼は二人の前任者を殺害して法王座にのぼったのであった。彼はふたたびフォルモーススの法王位否認の挙にでたが、ことここにいたってはもはや秘蹟論の伝統や神学の水準が問題となる事態ではなかった。叙品についてどんな理論がとられたにせよ、それは醜悪な政争の手段でしかなかったのである。

ルネサンス期の法王庁堕落の象徴のようにいわれるネポティズム（法王庶子を養子として聖俗の重要官職につける政策）はすでにフォルモーススの前任者の代にみられ、その後の法王政治の禍根となっているが、殺人法王のセルギウス三世はローマ市南方の有力貴族トゥスクルム伯であり、ローマ市の最有力貴族テオフィラクトゥス家のマロツィアを妾――マロツィアは法王セルギウスをふくめて四人の夫をとりかえた――としていた。マロツィアはやがてローマ市の事実上の支配者となり、一族で市の要職を壟断したばかりでなく、何人もの法王を自由に廃立し、しかも反抗する法王を暗殺してはばからなかった。この婦妾政治《ポルノクラシー》は、マロツィアとセルギウス三世のあいだに生まれた男子がヨハンネス十一世として法王座にあったとき、マロツィアが最初の夫スポレト侯によって得た長子アルベリクスが勢力を得、法王とマロツィアその人を逮捕投獄し、ついで殺害することによって終わったのである。

この間の事情は、『コンスタンティノープル使節記』で名高いクレモナの司教リウトプランドの史書『比較史論《アンタポドーシス》』にくわしい。リウトプランドは激情家できこえ、その史筆は主観的誇張が多いとされているが、マロツィアのポルノクラシーについての記事は真実の核心をつかんだものにちがいない。興味があるのは、このリウトプランドが、フォルモースス裁判の箇所につづいて、ステファァヌス六世——リウトプランドは誤ってセルギウス三世としているが——の叙品の誤りを、伝統的秘蹟論の立場から正確に批判しているこどである。

◉中世前期における秘蹟論争の問題点

これまでにみてきたローマ教会の秘蹟論の変転は、ステファァヌス一世↓アウグスティヌス↓グレゴリウス一世の正統的秘蹟論が、必ずしも伝統として確立していたものでなかったことを示すものである。しかしそれだけではグレゴリウス改革にあたって、改革派自体のなかに正統的・異端的両秘蹟論の分裂が生じ、ドナティスト論争の文字どおりの再版がみられた事実を十分に説明するものではない。というのは秘蹟論の混乱期にあっても、主観主義的立場がなんらかの利害からして採用されたあとには、きまって客観主義への復帰がみられたからである。そこにはむしろ伝承自体の欠陥があったのではないか、という疑念を払拭することはできない。この重要問題の基本的研究もまたサルテ神父の追求したところであった。

彼によれば、さきにも少しくふれたように、古カトリック教会ないし教父時代には、洗礼に関する二つの相容れない立場が存在した。すでに詳述したローマ教会の客観主義に対しては、アジア教会（地中海東部地方）における主観主義的解釈が対立しており、教会外における洗礼の無効性と、教会内における場合でも、執行聖職者の不適格性にもとづく無効が信ぜられていた。とはいえ、もちろんローマ教会でも、異端や離教者の行なう秘蹟がそのままで十分とされていたのではない。そのような場合、受洗者は教会と和解して恩寵の効果にあずかるため、後述する特定の手続きを要求されていたのである。

ところでアジア教会の立場は、三世紀の半ば、法王ステファヌス一世とカルタゴの司教キプリアヌスの論争を契機に、属州アフリカに根をおろすこととなった。アジア教会的キプリアヌス的秘蹟論は、ついで四世紀末から五世紀前半にかけてドナティスト派異端の継承するところとなったが、他方では、アリウス派もアジア教会の立場をとったので、これを奉じた一部のゲルマン民族の移動定着の過程をとおして西方にもおよび、ガリア（今日のベルギー、フランス）とスペインがその影響下に立った。

さらにまた五世紀前半に行なわれ、その影響が八世紀半ばのガリアにまでおよんだ聖パトリックのアイルランド伝道を付け加える必要がある。アイルランドないし広くいってケルト教会――スコットランドを含む――は、神学上・教義上、東方教会の影響を強く受けていたので、アジア教会の主観主義的秘蹟論は、この方面からも西方に流入する可能性があった。アイルランド‐ケルト教会は司教制度をもたず修道院を中心とするものであるが、北フランスのルクスイユ、スイスのサンガレン、北イタリアのボッビオ等の大修道院は、アイルランドの伝道修道士らがその布教活動をとおして建設したものであり、その活動領域の広さは十分注目されなくてはならない。

さらに重要なことは、フランクのカロリング王朝以前においては、ガリア‐アイルランド系修道院が優勢であり、グレゴリウス一世が支持し、同時に布教活動に重用したベネディクト派修道院は、容易にこのアイルランド系修道院の牙城に喰いこむことができなかった、と最近の研究が明らかにしている点である。

またアングロサクソンの改宗は、ベネディクト派修道士を用いて行なったグレゴリウス一世の大事業であるが、秘蹟論については、いつしかケルト教会的立場に立つにいたっている。このことはまた、アングロサクソン出身の「ドイツ人の使徒」聖ボニファティウスの活動をとおして、ガリア地方がローマ教会とは違った秘蹟論を受け取るという結果をも随伴している。これはもちろん、やがてローマ教会の是正を受けることになるのだが、フランク国王の後ろ盾をもったフランク聖職者の圧倒的影響のもとに行なわれた七六九年のローマ公会議が、まったく主観主義的秘蹟論をとったのは、法王庁の政治的利害というよりは、フランク聖職者の立場を反映すると解するのが自然であろう。なぜなら、フランク王権を背後にもつフランクの聖職者は教義上の重大問題で一八〇度の転換を行なわなくてはならぬ理由は何一つなかったからである。ステファヌス三世はむしろ、この結果を予期してフランクの援助を要請したのではなかったか。

それはともかく、以上はもっぱらアジア教会という、理論上は同じキリスト教会＝カトリック教会に属しながらも、ローマ－カトリック教会に対立する、その意味では外部の教会の影響にもとづく問題である。しかしローマ－カトリック教会内部にも問題がなかったのでは決してない。

ステファヌス一世の立場がアウグスティヌスによって神学的に確立されたのち、この立場の維持や確保につとめた有力な諸法王も、一方では強くアウグスティヌス主義の宣《せん》揚《よう》につとめながら、他方では瀆《とく》聖《せい》聖職者の秘蹟執行の不法性を強調することは当然ありえたのである。カトリック教会の原理では、瀆聖聖職者の叙品ないし秘蹟執行一般は「不法であるが（一旦行なわれてしまえば）妥当する」ものだったとしても、「不法」がおこらないようにつとめるのは、聖職者の当然の義務だったからである。したがってこのような場合、これら聖職者の用いた不法排除のための強い語調が、秘蹟そのものの効果を否定する印象を与えたこと、少なくともそのようなものとして利用される可能性を生じたことも大いにありうることであった。原理そのものが世俗の常識に反するうえに、その適用ははなはだ微妙なのである。したがって事実、十一、二世紀の秘蹟論争をみるとき、代表的なカトリック的秘蹟論を説いたはずの五世紀の諸法王の見解が、反対の論者によっても同じく典拠とされている場合が少なくない。それればかりではない。精密に検討するならアウグスティヌスその人にも、つねに必ずしも一義的理解を許さない箇所があったのである。

このような意味合いから、五世紀の著名な法王のうちから、イノセント一世（在四〇一—四一七年）の例をひいてみよう。同法王は、五世紀はじめにおこったイリリア地方の再叙品の問題に関していう。

「異端者によって叙品されたものは、その按手によって頭を傷つけられたものである。傷つけられた場所には治療のため薬を用いる必要がある。傷が癒えても、しかし、傷痕は残る。そして悔悛という薬が必要な場合には、叙品という栄誉は存在する余地がない。なぜなら、穢れにふれるものは穢れるであろうとあるように、清純と清潔とが受領するのを常とするところのものを、どうして穢れたものに帰することができよう。しかし他方からは次のようにも確言される。すなわち、栄誉を失ったものは栄誉を与えることはできない。また彼（受領者）は何ものをも受領しなかった、なぜなら、授与者は受領者が受領しえたであろう何ものをも持たなかったから、と。予はこれら（の言葉）に満足するものであり、またそれ（これらの言葉）は真実である。しかし彼（授与者）は、彼のもたなかったものを与えなかったのは確かだが、ともかくも彼の所有した詛を、その誤った按手によって与えたのである。そして詛の同類となったものが、どうして栄誉を受領しうるのか、予は（その理由を）見いだすことができない」

このイノセント一世の言葉は、中世の秘蹟論争で、主観主義論者たとえば枢機卿フンベルトゥスが好んで引用したものである。それは一見まったくキプリアヌス・ドナティスト的にみえるものである。サルテの解釈によれば、しかし、イノセント一世の真意は聖職位ないし叙品権の行使について言おうとしたのであって、品級そのものについて述べられたものではなかった、という。

その理由として彼の挙げているのは、古代教会における悔悛＝痛悔規定の厳しさである。古代では公けの悔悛に服したものはその聖職を廃せられたものとして取り扱われたので、教会外叙品を受けたものが、教会と和解しふたたび受け入れてもらうため、悔悛に服するとすれば、悔悛期間中、彼はまったく聖職から離れている、との解釈を受けるのである。イノセント書翰でいわれている聖職者の無能力は、すべてこの悔悛期中のものに関する、とサルテはいうのである。もしこれが正しいなら、疑問は解消する。しかし、この書翰を孤立的に、また文字どおりに解すれば、教会外叙品の完全な否定ととる以外にはないであろう。

それはともかくイノセント一世が、教会外叙品について、逸脱したものでなかったことは、この書翰（四一三年）がこの再叙品問題について出された唯一のものでも、最初のものでもなかったことからして、明らかなのである。同法王はすでに四一〇年に、同じ問題について下されたイリリア公会議の決定を支持し、問題となった聖職者の再叙品に対する否認の判決を正当としているのである。当該地方の司教たちのあいだで、しかしこの裁定に従わぬものがあり、再度イノセントの意見を問うにいたったため、ここに引かれた書翰が出されたのであった。

この経緯を考えれば、イノセントの真意については疑うべき何ものもないのである。しかし問題は、同法王の全書翰が、その発給のすべての経緯とともに、正しく伝承されたかにある。その点については確実なことはいえない。しかしもし、正しく伝承されたとしても、第二書翰だけが孤立的に取り扱われるならば、それは教会外叙品の無効を主張すべき究竟《くっきょう》の材料となるであろう。ここにまさに中世期における誤解の根源があったというべきであろう。

中世における叙品の再執行ないし主観主義的秘蹟論に口実を与えた第二の理由は、カトリック教会に復帰しようとする異端者に与えられた和解手続きとしての按手礼である。アウグスティヌスは、異端者による洗礼を受けたものがカトリック教会に帰入する場合には、再度洗礼を授けることなく、異端の洗礼によってはまだ与えられていなかった聖霊を与えるため、按手《マヌース・インポシチオ》（秘蹟受領者の頭へ授与者が手をおく儀礼）を加うべきものとした。この意見に対して先例となる故事は使徒行伝八章十四節以下にみえる、サマリア人に対するペテロとヨハネの按手であろう。
両使徒はサマリア人がイエスの言葉を受け入れたと聞いてそこに出かけ、聖霊が彼らに下るよう祈り、按手したので、サマリア人は聖霊を得たということになっている。それまでサマリア人はイエスの名において洗礼を受けていただけで、聖霊は何びとにも下っていなかったとされるのである。当時は使徒らの活動がようやく異邦人に及びはじめたときにあたり、正規の授洗者は異邦人にあっては彼ら使徒をおいてなく、したがってサマリア人はいわば教会外洗礼を受けたにとどまると解せられるのであり、これを教会に迎えその恩寵にあずからせるには、使徒の按手が必要だったわけである。

この点わが国の天主公教会訳聖書もそうであるが、キリスト教辞典の類においてペテロおよびヨハネの按手を堅振《コンフィルマチオ》と注釈しているのは解しがたい。なぜならこの箇所は前後の文脈からみて和解の按手を示すとしか考えられないし、また直接的には堅振礼に必要な「印づけ《コンシグナチオ》」はどこにも言明されていないからである。

ところでアウグスティヌスの当時、洗礼・按手・塗油の三典礼は、必ずしもその意味が相互に区別されず、同一典礼（秘蹟）の三側面をなすものか、あるいは恩寵の生活における異なった段階、つまり異なった秘蹟を示すものであるかが明確ではなかった。ことに按手は塗油による「印づけ」をふくむ堅振の秘蹟とまったく同一視される場合があった。アウグスティヌスは異端ないし教会外受洗者に加えられる按手を単に和解《コンシリアチオ》のそれとして、明確に堅振の按手から区別――前者は繰り返しを許すが後者は許されえない

――し、かくて洗礼と堅振の秘蹟を、恩寵の生活における二段階をなすものと規定したのである。

この区別がつねに明確にされていたならば、その後に生じた秘蹟論の種々の混乱は少なからず回避されていたはずである。しかしその後のローマ教会では、イノセント一世からグレゴリウス一世にいたる諸法王、さらには『法王列伝《リーベル・ポンティフィカーリス》』までも、典礼の文言においてこの区別の明確化をはかることがなかった。そのため、五世紀のガリア、スペインでは、改宗異端者に与えらるべき和解の、したがって「印づけ」なしの按手が、いつしか堅振、したがって「印づけ」を伴う按手礼に代えられ、そこにいわば事実上秘蹟の再執行が行なわれる結果を生んだ。

また東方教会では、洗礼・按手・塗油が同一典礼の三側面をなすと理解されていたので、改宗異端の受け入れにあたっては、当然堅振礼と同一手続きがとられ、洗礼・堅振等繰り返しを許さぬ秘蹟の原義が明確さを欠く結果をきたし、東方教会の影響を受けたガリア・スペイン教会の誤謬をつよめる結果を生んだのである。

秘蹟論の混乱を惹起した第三の要因は、『法王列伝』に記された法王アナスタシウス二世（在四九六―四九八年）に関する伝承である。『法王列伝』というのは初期ローマ法王の伝記の集成で、最初はきわめて簡単なものであるが、次第にくわしさをまし、八、九世紀ごろには小冊子分の分量になる。最初の部分で当面のアナスタシウス二世に関する部分は、ボニファティウス二世（在五三〇—五三二年）時代のローマ教会助祭の筆になるものとされるが、ともかくも列伝全体が中世において大きい権威を有したことが重要である。

ところで問題の法王アナスタシウス二世は、キリスト単性説をめぐっておこったコンスタンティノープル大司教アカキウスのローマ法王フェリクス三世による破門、通常、アカキウス離教事件（四八二—五一九年）といわれる東西両教会の紛争をおさめるため、同名の東ローマ皇帝アナスタシウスに書を送った。この書翰は、アウグスティヌスの秘蹟論にもとづき、前任法王フェリクス三世、ゲラシウス一世の決定を生かしつつ、アカキウスによる洗礼・叙品の効果を認めながら、しかも神学上はキリスト単性説に対する一切の譲歩を排したもので、ローマ教会の基本的立場を最もよく表明した文書の一つに数えられるものである。

「アカキウスが洗礼を施したものの何びとも、またどんな下位の聖職者であれ彼が法規に従って叙品したものの何びとも、不正者によって与えられた恩寵は確実性が少ないといった、アカキウスの名のゆえに生ずる損失をこうむることがあってはならない。なぜなら、もし太陽の明光が異臭の場所を通過しても汚濁にけがれることがないとすれば、太陽の明光そのものを創るものの力は、明光にもまして、不適格な僕＝聖職者のゆえにさまたげを受けることはないからである。それゆえ、アカキウスは恩寵をつかさどることによって、ただむなしくみずからを傷つけるのみである。なぜなら、彼アカキウスによって与えられた不可侵の秘蹟は、（それを受領する）他の人々のために、その効力をあらわすからである。もし万一、何びとかが、好奇心のあまり、法王フェリクスの（破門）判決があったのだから、アカキウスが僭越にもその後に執り行なった秘蹟は効果をもたないと考えたり、叙品・洗礼にさいしてアカキウスの与えた秘蹟《ミステリア》を受領したものが、神の恩寵《ミステリア》が無効になるのではないかとおそれている、と考えるものがあるとすれば、そのものは（次のことを）想起すべきである云々」

この書翰をつらぬくアウグスティヌス的秘蹟論は、一見して何びとの目にも明らかである。しかしアナスタシウス歿後におこった政治的変動と、それに影響された『法王列伝』の記述は、アナスタシウスとその主張とを中世を通じて誤解させることとなった。すなわち、アナスタシウスの歿後、後継者のあいだに紛争が生じて二重選挙となり、結局反アナスタシウスのシンマクスが勝った。しかし両派のはげしい紛争はその後も数年間つづき、その間に書かれた『法王列伝』のアナスタシウス伝は、あたかもアナスタシウスが、ローマ教会を裏切ってコンスタンティノープル教会と取引を行ない、そのため神罰をこうむって死んだかのような叙述を行なっているのである。すなわちいう、「同じころ、多数の司祭や助祭が彼（アナスタシウス）の聖務に反抗して立ち上がった。それは彼がすべてのカトリック教会の助祭・司祭にはかることなく、フォーティヌスなるアカキウスの同類、テッサロニケの司教座助祭と連絡し、ひそかにアカキウスを復位させようとし、しかも果たさなかったためである。彼は神意によって撃ちたおされた」と。サルテはさらに、中世秘蹟論の混乱の要因となったもう一つの理由として、法王ペラギウス一世（在五五六―五六一年）の二つの書翰をあげている。これはミラノやアクイレイアなど北イタリアの諸教会によってひきおこされた三章書（論争）離教事件に関係する文書である。その一つのなかでペラギウスは、「真理に従うならば、離教者がつくるのはキリストの肉体ではない」、つまり、教会を外にして聖体（聖餐）の秘蹟は存在しないといい、また他の書翰においては、「普遍的教会によって聖別されることを拒んだものは、いかなる理由によるも叙階（司教叙任）されたとはいえぬであろう」、すなわち、教会を外にしてはいかなる叙品もありえない、という趣旨を述べている。

この二書翰もまた中世の秘蹟論争においてしばしば引用され、秘蹟再執行論の論拠とされたものであるが、イノセント一世書翰の場合と同じく、文字どおりの解釈は、ペラギウスの真意を誤るものである。これについてサルテの述べるところは次のごとくである。

ペラギウスは第二書翰において、「離教者は犠牲としてのキリストの肉体をもつことはできない」といい、また第一書翰では、「キリストの肉体は一つ、教会は一つである。統一を離れたものの祭壇（聖務）はキリストの肉体の真理を実現することはできない」としている。これはペラギウスが、聖餐に秘蹟と犠牲の二つの意味があることを区別しようとしたことによるもので、離教者は聖餐秘蹟＝聖体は行ないえても、キリストの神秘的肉体である教会の真実を象徴する犠牲としての聖餐は、これを行なうことが許されていないと考えているのである。これはまったく正しい。

しかし彼はこの思想を表明するために、それにふさわしい表現を選ぶことができず、第二書翰においては、「離教者のつくる（コンフィケレ）のはキリストの肉体ではない」といっているが、これは本来は、第一書翰の結びにあるように、「統一を離れたものの祭壇はキリストの肉体の真理を実現する（コングレガーレ）ことはできない」というのと同一趣旨の思想を表明しようとしたものであった。しかしキリストの神秘的肉体である教会の一体性をいいあらわそうとするとき、コンフィケレ＝「製造する」は適切ではなく、ただコングレガーレ＝「実現する、まとめあげる」のみが用いられなくてはならない。

ペラギウスはこれらの表現をとおしてアウグスティヌスの思想を表明しようとしたものであるが、残念なことには、アウグスティヌスその人にあっても、聖餐における秘蹟と犠牲の二つの意味は、区別されるよりはむしろ一緒にして述べられている。そのためペラギウスも意図外の過失をおかしたというべく、またアウグスティヌスがこの区別にもう一段の考慮を払っていたなら、ペラギウスばかりではなく、中世秘蹟論における誤りもさけえたはずである。

ともかくもペラギウスが教会外秘蹟の妥当性を認めていたことは、以上の二書翰とほぼ同じころ（五五八―五六〇年）にかかれた他の書翰からして明らかなのである。すなわち彼は、「私は彼（三章書〔論争〕離教事件に関係した一司祭）を受け入れたし、また彼がカトリック信仰共同体に合一されるよう命ずるものである。なぜなら、貴下が博識をもって正しくいわれるように、分離にもまして教会の嘆くところはないからである」といっているのである。

以上はもっぱらサルテによって行なったペラギウス書翰の解説である。それがどこまで正しいかは、ここで検討することは避けたい。ここで確認することができ、またぜひ確認しておかなくてはならないことは、ペラギウス書翰のなかにも、最初に問題としたイノセント一世書翰の場合と同じく、もしそれを文字どおりにとれば、まさしく教会外秘蹟の無効を論じた箇所があったということである。これは按手に関する理解の混乱、『法王列伝』中の歪曲された伝承とともに、アウグスティヌスの秘蹟論が、その直後でしかもすぐれた法王の輩出した五世紀においてさえ、つねに誤りなく理解されていたのではないことを示すに足るものである。繰り返していえば、教会外秘蹟の容認は例外的事態であり、普通の常識とは相反したデリケートな性質をもっている。それゆえ、悪意ある人々の歪曲に便であるばかりではなく、真摯な改革的熱情をも同様につまずかせるものであったといえる。したがって、非カトリック的な主観主義的秘蹟論は、伝承のなかに分裂があり、秘蹟論の伝統がつねにその確立を阻害される場合にあっては、容易にある程度確実な論拠に立って主張されえたことになるのである。中世ローマ教会最大の暗黒時代である九世紀末から十一世紀初頭への時代のあと、これまた未曽有の熾烈さをもったグレゴリウス改革がおこったとき、秘蹟論の激烈な対立が改革派そのもののなかにおこったことは、かくして事の必然であったともいえるのである。

もしこの言い方が幾分でも正しいとするなら、聖フランシスとの出会いによって、イノセント三世が返すことになった法王権の負い目は、単にグレゴリウス改革にともなって生じたものではなく、遠く中世前期にまで遡るといわなくてはならない。

II

論争

聖アウグスティヌス像

第四章
グレゴリウス改革と秘蹟論争

目的は手段を神聖化しない。たとえ神の国を地上に
実現しようとする場合でも。

◉プロローグ

中世ローマ法王権の「再生」を告げる、カトリック教会史上の最大の改革の一つ、その中心的指導者――グレゴリウス七世（在一〇七三―一〇八五年）――の名に因んで、グレゴリウス改革（一〇四九―一一二二年）と呼ばれる一大革新運動は、皇帝ハインリヒ三世の任命した三人目のドイツ人法王、レオ九世（在一〇四九―一〇五四年）の治世とともにはじまる。

グレゴリウス改革は、改革の一面とも必然的な結果ともいえる司教叙任権闘争《インヴェスティトゥールシュトライト》、その劇的挿話である「カノッサの屈辱」、皇帝ハインリヒ四世父子の悲劇的な争い、そし

て最後に皇帝と法王との妥協である「ウォルムス協約」のゆえに、わが国の歴史愛好家のあいだにもよく知られた話題である。それはしかし法王権と皇帝権とのあいだに戦われた単なる権力闘争であったのではなく、封建社会成立期における政治・社会・経済・文化など歴史のあらゆる側面に密接に関係する重大問題であり、学者によっては、十六世紀のプロテスタント革命、十八世紀の自由主義革命、二十世紀の社会主義革命などとならぶ歴史上の大変革と考えている。

このような対比が正確であるかどうかには疑問の余地がある。しかし少なくともそれが多分に古代的なものの尾をひく中世前期の政治的理念を清算し、成立期の封建社会の動向と不可分に結びつきつつ、中世のキリスト教的世界秩序とそのイデオロギーの実現を促し、しかもそれがもつ特有な内部的矛盾からして、その後の中世史の発展に主要な動力を与えるものであったことは、十分に認められてよいものである。

このようなグレゴリウス改革であってみれば、その全貌を述べることは、もとより限られたテーマを追求する本書の範囲をこえるものである。しかし、「正統と異端」という本書の主題は、まさにグレゴリウス改革にふくまれた特有の矛盾を追求しようとするものであるから、この改革の主要な特徴を述べることなしには、主題への手がかりもまた与ええないのである。

さて前篇の終わりにも述べたように、九世紀末から十一世紀前半に及ぶ時期は、中世ローマ法王庁史の最も陰惨なページをなすものであった。そのなかでもことにヨハンネス十一世（在九三一—九三五年）にいたるセルギウス三世とその妾マロツィアの婦妾政治《ポルノクラシー》は、ルネサンス期のアレクサンダー六世とチェザーレ＝ボルジアの悪名高い政治だけが、わずかに比較できるだけであろう。

ところでわたくしは、中世にあっては、普遍的な教会の指導者であるローマ法王権は、同じく普遍的な力であるローマ皇帝権との共存あるいは緊張関係にあってだけ、その使命にふさわしい存在となる、といったが、大きい展望をもっていえば、ノルマン、マジャール、イスラム等の外敵がヨーロッパを四分五裂させた時期が、ほぼ法王権の退廃期にあたっている。カール大帝の大統一はやぶれ、その後継国家であるドイツ、フランスはまだその形をととのえていない。十世紀を中心としたヨーロッパのいわゆる封建的アナーキーこそは、法王権退廃の客観的理由を最もよく説明するものである。

封建的アナーキーにあって最も効果ある教会の保護権力は、それに最も近い世俗権力である。しかし教会はその半面において大領主である。保護する権力は、保護の代償として教会とその富の支配を求める。それは、みずから教会の主人となるか、ないしはその主人＝司教・司祭・修道院長の任命権を掌握することによって達せられる。かくて高位聖職者のほとんどすべては封建貴族の一門によって占められ、修道院長が俗人――そのなかにはカペー王朝の初代ユーグ＝カペーもふくまれる――であることさえ稀ではない。聖職が財産の一部として取引される利権となるのも当然である。以上は封建的アナーキー時代の全ヨーロッパ的現象であった。ローマ教会だけが例外をなすことはもとよりありえなかった。

封建的アナーキーの十世紀は、しかし、年老いた社会――末期ローマ帝国のような――がつかれきっておちこんだ混乱ではなかった。カール大帝のローマ帝国の復興は、しかし、そのための条件がまだ熟しきらぬうちに、しかし他方ではまさにそのゆえに容易に行なわれえた軍事的大統一であった。それはその統一のうちに崩壊の理由をふくむものであった。ノルマン、マジャール、イスラムの外敵は、この弱点に喰いこみ、統一の大きさに正比例したはげしい崩壊の混乱をもたらしたものであった。

しかし、大事なことは、当時の西ヨーロッパが発展期の社会だったことである。農業技術の改善は、すでにカール大帝の時代に、力強く開始されていた。したがって分裂に分裂をかさねていった西ヨーロッパにも、分裂の極限において確固とした凝集力をもつ地方小権力があらわれたのである。これが封建的アナーキーの政治的・経済的・社会的な基本単位であり、まさに封建権力なのである。そこでこの単位が基礎となって社会の封建的編成がすすむと、そこにはカール大帝の国家には求めえなかった社会発展の確実な出発点がつくられるのである。十一世紀はまさに西ヨーロッパがこのような出発点についた時代であった。

◉グレゴリウス改革の背景

十世紀の後半（九六二年）におこったオットー大帝によるカール大帝の皇帝権（いわゆる神聖ローマ皇帝権）の復活は、ヨーロッパの歴史の新しい出発点であった。それは、われわれの理論からすれば、同時にローマ教会のそれでもあるべきものである。事実オットー大帝以後ハインリヒ三世にいたる諸皇帝は、カール大帝の祖父、レアリストとしてきこえたカール＝マルテルにも比較されるコンラート二世を除いて、みな熱心な教会改革の意図をもっており、ローマ教会側においてもこれに呼応する動きがなかったのではない。オットー大帝を戴冠し、ついで皇帝を裏切ることによって追放され、最後には姦通した妻の夫に撲り殺されるという、法王座における稀代の無頼漢、ヨハンネス十二世の後には、彼に比較されうる悪徳の法王はもうみられない。かえってオットー三世の師で当代第一の学僧であったジェルベール＝ドーリャック、すなわちシルヴェステル二世のような有為の人物もある。しかし、大勢からいって、ローマ法王権はローマ市とその周辺の貴族、トゥスクルム家とクレスケンティウス家の傀儡であり、したがってその地位をめぐる利権の争奪や聖職の売買は、依然として同じであった。アルプスの彼方に成立した皇帝権はなおローマ教会の効果的な保護者たるに遠かったのである。ようやく十一世紀の三〇年代になって、法王権にも皇帝権と同じ新しい時代が到来する。すなわち、皇帝ハインリヒ三世の革新的教会政治の断行である。

彼はブルグンドとボヘミヤをあわせ、ハンガリーと戦い、デンマルク王、ポーランド王等の臣従をうけ、皇帝権の基礎はかつてない強固さを得た。彼はまた歴代の皇帝のなかでも稀にみる宗教的熱情の持ち主であった。彼ははやくから、ベネディクト戒律の励行によって修道生活に新風をふきこみ、その影響が全ヨーロッパにおよんだクリュニー修道院の感化をうけていた。一〇四六年、彼はイタリアに遠征し、ローマ北方のストリに公会議を開き、互いに相争う三人のシモニストの法王を同時に罷免し、信任する一ドイツ司教を法王座につけ、クレメンス二世とした。彼はこの法王によって皇帝に加冠された。クレメンスのあと、二人のドイツ人法王が相ついでハインリヒによって任命されたが、その二人目、クレメンス二世を加えれば三人目が前述（一一五ページ）したレオ九世である。

このように、皇帝ハインリヒ三世の理想主義的政治によってはじめて、九世紀末以来のローマ法王庁の腐敗には終止符がうたれることになったのである。ここに封建時代にあっては、偉大な法王権の時代は偉大な皇帝権力と並行する最良の事例が見いだされるのである。しかし一旦その使命と力とを自覚した法王権は、いつまでも俗世の権力に従属することはできない。ハインリヒ三世は法王権を革新することによって、やがて皇帝権そのものに挑戦する法王権を育てあげる結果になるのである。

ところでここに一連の厄介な問題があらわれる。それはまずハインリヒ三世の教会政治にその理想を与えたクリュニー修道院は、グレゴリウス改革のラディカリズム——教会改革における、また教会政治における——とどう関係するかという問題である。この関係は久しく連続的に理解されていたが、最近の研究は両者をまったく別個のものと考える傾向がつよい。クリュニー修道院は、当時教会腐敗の根源と考えられた聖職売買や聖職者妻帯をはげしく攻撃したが、皇帝や国王の教会に対する保護支配にはむしろ妥協的であった。封建的アナーキー克服の初期にあらわれた教会のイデオロギーとして、それはむしろ当然の傾向であろう。また、後述する秘蹟論上の立場が、クリュニーとグレゴリウス主義とで正反対であることも、両者の差を示す指標とせられよう。それゆえ、これまでのようにグレゴリウス改革を直接クリュニー改革から導き出そうとする考えは、否定されなければならない。

しかしこの問題を改革理論の系譜論に解消するかのような最近のヨーロッパの学説も、同じく非歴史的であり、クリュニー、ロレーヌないしその他の改革思想が、ローマ教会改革という政治的利害対立の、修道院改革の場合とは比較にならない激しい渦のなかに投ぜられたとき、この現実そのものとのぶつかりあいから、はるかに急進的な改革主義を生みだしてゆく可能性こそまさに検討さるべき問題であろう。それはやがて述べるレオ九世の場合にも、あるいはグレゴリウス七世の場合にもみられる、保守と革新の内部的対立を考えるだけで十分推測されるところである。

次に問題になるのは、グレゴリウス改革の政治的・社会経済的背景である。グレゴリウス改革は、封建社会内における改革として、教会綱紀の刷新という教会だけの問題にとどまることはできなかった。それはこれまでの叙述からも十分予想できることであるが、改革の求める教会の自由は、とりもなおさず、それまで教会の保護権力であった地方封建権力——法王権の場合にはローマ市内外の貴族——からの解放を意味するばかりではない。地方権力からの解放はより普遍的な権力の援助によってのみ可能であるが、やがてはこの権力からの自由にまで進まざるをえないのであり、勢いのおもむくところ、俗世＝世界そのものの改革的イデオロギーによる変革と新しい世界秩序の建設が要求されるにいたる。そこに幾重にもかさなる政治的利害の対立が生ずることは見やすい道理である。

しかもこの世界の変革にあたって改革が当面しなければならなかったのは、世俗の権力だけであったのではない。ローマ教会の首位権は、改革の当初にあっては、単なる理論上のものにすぎない。たとえば、四世紀の聖アンブロシウス以来の伝統を誇るミラノの大司教教会がある。しかし大なれ小なれ同じことは各国の主要な教会についてあてはまる。それらは各国の国王をはじめとする支配層にむすびつき、ローマ教会の改革的主張を異端として攻撃し、かえって世俗権力を動員して、ローマ教会を攻撃する連合勢力を結集しようとさえする。この対抗者を打破するためには、封建的支配につきものの内部的分裂につけいるか、あるいは台頭しつつある都市民と結びついて、激越な民衆アジテーションを行なうかが、改革者に許された手段となる。改革はこの両方の可能性を最大限に利用した。しかし政治的手段は教会の場合、別して悪魔との提携を意味する。グレゴリウス主義もこの政治闘争の過程において層一層過激さを増したものであり、特定の改革理念を継承することによって、実際あるものとなったのではない。

さらにまたグレゴリウス改革が封建社会の成立期にあたっていたことは、以上とはまた次元を異にする広汎な問題への展望をひらくものである。すなわち、皇帝や国王が司教教会や大修道院の支配に、政治上死活の利害を感じていたのと同じく、地方の諸侯豪族もまた領内の教会とくに修道院の支配を重要視していた。

当時は農業技術の急速な進歩によって、農業生産が上がり、開墾が大規模にはじまった時代であった。その中心となったのは修道院であり、諸侯豪族は争って領内の森林原野を修道院に提供し、あるいはそこに新しい修道院を設けた。寄進は土地の放棄ではなく、むしろ一種のより効果的な託営だったのである。なぜなら修道院は当時における唯一の文化の中心であり、農業技術の進歩もここにおいて最も顕著だったからである。

十一世紀の後半は、民衆的宗教運動が広く教会内外に展開しはじめた時期であった。

開墾や土地経営の中心となる修道院も、単なる既存の修道院ではなく、新しい改革修道院である場合に、その主体的な修道意欲のゆえに、最もよくその役割を期待しうるものであった。この意味では十一世紀の七〇年代、西南ドイツのシュヴァルツヴァルトにおこり、たちまち一六〇もの改革修道院の中心となったヒルサウ修道院の場合はとくに注目される必要がある。

ヒルサウ修道院はクリュニー以上に徹底したベネディクト戒律の励行を目標とし、しかも民衆教化のためベネディクト戒律の住居不転の定めをゆるめて盛んな説教運動を行ない、多数の農民を助修士とすることによって、彼らの宗教的要求をみたすとともに、同じく労働修士として修道院領の開発経営に用いたのである。これはあらゆる意味で時代の要求にこたえるものであったため、その影響はすこぶる強く、南ドイツだけでたちまち一〇八におよぶ改革修道院へと拡大していったのであった。

他方、ヒルサウの改革理念は、世俗権力からの独立という点で、クリュニーよりははるかに急進的傾向をもっていた。すなわちクリュニーは俗権による教会の保護支配、その結果としての俗人の聖職任命への介入をとくに排撃はしなかったが、ヒルサウにあってはこれを腐敗の根源とする点でグレゴリウス主義とまったく同一であり、この点からして、修道院長選挙の完全自由をとくに主張するものだったのである。

これは一見地方豪族の利害に一致しないようにもみえるが、実はかえってその逆なのである。つまり彼らにとって農業経済進展の拠点であり、屈強な権力基盤ともなる修道院が、従来の例のように国王ないしその配下にある教区司教の保護下に入ることをこそおそれる必要があったのである。ヒルサウないしその系統の修道院が、その自由を求めてこれを拒み、法王直属の自由修道院となろうとすることは、彼らがその守護職を確保するかぎり、かえって彼らの利益だったのである。法王権にとってもこのような直属修道院をもつことは、その支配権の拡大に大いに役立つことはいうまでもなかった。

そこで以上述べてきたところをまとめてみるならば、次のようになる。グレゴリウス改革は第一義的には、聖職の売買や聖職者の妻帯を一掃するという、教会規律の刷新を目的とするものであるが、与えられた成立期の封建社会という条件のもとでこの目的に到達しようとすることは、教会——修道院をふくめて——の現実の支配者であり、その支配に死活の利害をもつ世俗の封建権力との闘争なしにすますことはできない。ローマ教会の場合、それは単にローマ市内外の地方権力者との闘争を意味するだけではなく、教会の最高の保護者たる皇帝との闘争を意味する。ここに教会の反封建主義闘争は、皇帝や国王を相手とする司教叙任闘争にまでいたるが、教会の敵となるのは単に教会を支配する世俗権力ばかりではなく、かえってこれと密接に結びついている封建貴族的高位聖職者層であったのである。

このような全面的闘争を行なうため、改革教会＝グレゴリウス主義がとりうる闘争手段は、まず封建社会に固有な権力の分裂と対抗である。そのなかでも問題になるのはヒルサウないしその系統の修道院にみられるような、新しい農業生産進展の中心となる改革派修道院であり、その争奪をめぐる中央・地方両封建権力の対立は闘争の成否の鍵を提供するものであった。しかしヒルサウ修道院をめぐる対立は一つの例であり、類似の現象は程度の差はあれ他の修道院についても考えられるばかりではなく、成立期の封建社会には他の種々の対立が改革教会の利用に供せられえたのである。

また成立期の封建社会には、農村と都市の区別をとわず、民衆的性格の濃い宗教運動の展開がみられた。教会の浄化という点では改革主義と同一方向をとるこの民衆的宗教運動を吸収することは、改革教会が封建的高位聖職者層を屈服させるため、最も重要な手段であり、そこになかんずく、都市民衆のアジテーションが強力に行なわれざるをえない理由があった。これがまた改革を急進化させる大きい理由となった。

さてこの一連の教会的闘争において、改革主義のイデオロギーの中心となったものは何であったか。それは教会のあらゆる腐敗の根源は俗権による教会の支配であり、それゆえ、教会は俗権から解放されて自由となる必要があるということ、一言にしていえば「教会の自由」こそ改革主義の標語であるとともにそのイデオロギーの核心であった。この自由を獲得するため、改革主義は、聖職の金銭による取引を聖職売買《シモニア》としたばかりでなく、俗人による聖職者の指名・選任をそのままシモニアとするのである。もしそれが認められるとすれば、聖職売買者《シモニスト》の行なう聖務・秘蹟は有効かという、すでにわれわれにはおなじみの秘蹟論争の主題があらわれてくる。

しかしもし、俗人の聖職者選任がシモニアであり、シモニアが異端であり、異端の秘蹟が無効であるとすれば、異端的秘蹟受領者には、再度秘蹟が与えられなくてはならないのではないか。改革主義者は、後述するように、この点について分裂した。しかしグレゴリウス主義者は、この一連の設問を肯定する。それは彼らの目指す教会と世界の秩序建設にいたる最捷径だったからである。ここに神聖な目的は手段をも神聖にするか、という繰り返しあらわれる問題が生ずる。グレゴリウス主義のこの態度決定が、その後一世紀半に及ぶローマ法王権の「負い目」をつくるもとだったことは、前篇の冒頭に指摘したとおりである。しかしまたグレゴリウス主義者の態度決定が、単に目的に対する手段の選択だけの問題でなかったことも、われわれが中世初期の秘蹟論の歴史的検討からして得た結論であった。

いずれにせよ、秘蹟論争は、グレゴリウス改革そのものの、またその歴史的意義にとって決定的重要性をもつ問題であることは、以上からして明らかである。では、それは実際どんな展開をみたものであったか。

◉グレゴリウス改革と秘蹟論争の発端

一〇四九年の復活祭の直後、さきに述べた皇帝ハインリヒ三世の選任にかかる三人目のドイツ人法王レオ九世は、その第一回のローマ公会議を開き、ここでグレゴリウス改革の発端となる聖職売買者追放の宣言を発した。しかしそれは同時にまた向後一世紀半にわたって、ローマ法王権に重い負い目を課することとなった秘蹟論争の発端でもあった。しかしその経緯を語るまえに、レオ九世について簡単にその人となりと経歴を述べておこう。

レオ九世は一〇〇二年、アルザスの名門エーギスハイム伯家に生まれ、俗名をブルーノーといい、皇帝ハインリヒ三世とは従兄弟の間柄であった。彼は当時の独仏国境（ロレーヌとアルザスは当時ドイツ領）に近い、モーゼル川上流のロレーヌ侯領の司教都市トゥールに教育をうけ、しばらく皇帝コンラート二世の側近に仕えたのち、二十四歳のとき、トゥールの司教に任ぜられた。彼は当時の高位聖職者にしばしばみられる騎士的聖職者で武事にもひいでており、そのことは晩年、法王の身でありながら軍隊の先頭に立って南イタリアのノルマン人とたたかい、その捕虜となった一事にもあらわれている。その人柄がその端麗な容貌とともに非常に魅力的であったことは、多くの同時代の記録が一様にしるしているところであるが、作曲にすぐれた才能を有したことも、この司教のもつ人間的魅力に数えられてよいであろう。しかし彼はそのいずれにもまして高貴な心情と宗教的熱誠の持ち主であった。はやくから彼はトゥール近傍のゴルツェ修道院を中心とした改革理念の影響を受けていたが、司教となったのちには、ロレーヌの修道院改革の主たる推進者となっている。

皇帝の近親、帝国政治の経験、司教としての才腕と改革者としての人柄、これらすべては一〇四八年法王ダマスス二世が急逝したとき、ハインリヒ三世をして躊躇なく彼を法王に指名させるに足るものであった。しかしその後の皇帝・法王間の争いを知るものにとっては、この人選は、きたるべき争いのある予感を感じさせないわけにはゆかない。というのはレオ九世は誠実な皇帝の臣下であったが、聖職位についての彼の理想はきわめて高く、その精神的権威において一切の俗権を越えるものと考えていたからである。

このような聖職観はすでにレオ九世に先立って、一〇四七年に歿したリュッツィヒ（リエージュ）の司教ワッォがしばしば表明していたところであった。彼もまた皇帝の忠実な臣下であり、またその教区管理においても理想的な司教であったが、他方、ハインリヒ三世のストリ公会議におけるグレゴリウス六世の廃位を違法として非難し、またある機会には、司教の受ける塗油は国王の受ける塗油にまさるものであり、教会的事項に関するかぎり、皇帝もまた司教に従わなければならないと、直接ハインリヒに言明してはばからなかった。原理的にはこれと同じことを、レオ九世は、その一友人司教が司教叙任まえの皇帝への宣誓を拒否したさいに行なっている。すなわちレオはこの友人のために弁じてハインリヒを説得したのであった。したがってレオ九世がハインリヒの指名を受けたとき、その最終決定をローマの教会聖職者と市民の同意獲得まで留保したことは、彼の聖職観の一貫性を示すものといってよいのである。

このレオ九世に法王位を委嘱するにあたって、皇帝ハインリヒはなんら不安を感ずるところはなかったのであろうか。記録の示すかぎり、ハインリヒは完全な信頼をもって従弟の司教をローマに送ったようである。レオ九世のノルマン人との戦いには不安を感じたハインリヒも、レオが東ローマ教会との対立——その結果東西両教会の最終的分離(一〇五四年)がおこる——にあたって、八世紀につくられた有名な偽文書「コンスタンティヌス大帝の寄進状」にもとづいて、法王権の優越性を主張したことには、特別の問題を感じた節はみられない。ハインリヒは教会改革の良き理解者であり、またその推進者であった。彼はその絶大な権力に自信をもち、法王座の従弟には信頼以外の何ものをももたなかったし、レオ九世自身、皇帝権と法王権の矛盾に悩むよりは、その両立を深く信じていたものであろう。

しかしレオ九世の法王座における最初の行為は、まさにグレゴリウス改革の狼火《のろし》となる秘蹟論争への点火ともいうべきものであった。その歴史的意味はレオ九世、ハインリヒ三世の歿後になってはじめて明らかになるべきものであったが、このレオ九世の活動の最初から、ローマ教会にはレオ九世の点じた火をかかげて教会の浄化に乗り出そうとする一群の人々がいた。枢機卿フーゴウ＝カンディドゥス、枢機卿フンベルトゥス、そして最後にヒルデブランド。このヒルデブランドこそ後年のグレゴリウス七世であり、かつてハインリヒ三世に罷免《ひめん》された法王グレゴリウス六世に仕え、主人とともにドイツのケルンに流され、主人死去の後はロレーヌの改革主義者と交わって、レオ九世と識るにいたり、その法王選任とともにローマ教会に復帰して副助祭となり、法王庁財政担当の重職に就いたのであった。こうしてレオ九世の登場は、同時にグレゴリウス改革の主たる担い手のすべての登場を意味するものであった。

さてここで頭書の主題にかえり、レオ九世が開催した一〇四九年の復活祭ローマ公会議についてみよう。この公会議はレオが、わずか四ヵ年にすぎないその在位期間中、十一回も開いた一連の公会議の最初である。法王の主催する公会議は、たとえ地方的規模のものでも、普遍的な妥当性をもつ。この重要な法王主催公会議も、一〇二四年に先立つ退廃期の百五十年間には、わずか七回開かれただけであった。この比較がすでにレオ九世の法王権が、法王権そのものの新しい出発たることを傍証するものであるが、この公会議が追求した主要な課題は、いうまでもなく教会の規律刷新であった。

それは第一回の復活祭公会議に早くもあらわれている。レオは開会劈頭、聖職売買《シモニア》の罪を鳴らし、聖職売買者《シモニスト》の一掃を宣言する。何人かのシモニストは即座に罷免された。しかしレオが、ついで罷免をシモニストによって叙任された聖職者にも及ぼそうとすると、そこにはしなくも大多数の聖職者の激烈な反対がおこり、ついにその企図を断念せざるをえなかった。この公会議に関する最も信頼すべき記録を残したペトルス＝ダミアニ——この重要な人物については今後たびたび出会うはずであるから説明は後にゆずる——は、この間の事情をつたえて、次のように述べている。

「すなわち彼（レオ九世）が、公会議の権威をもって、シモニストによって叙任されたすべての聖職者を罷免しようとするや否や、多数のローマ聖職者による一大反抗がおこった。すなわちこれら反抗聖職者ばかりか、多数の司教たちまでが、（もし罷免が行なわれるならば）大多数の教会は聖務をとるものもなく見捨てられ、またなかんずくミサ聖祭は廃せられて、キリスト教は根底からゆるがされ、信者はいたるところ絶望におちいるだろうと述べた。これ以上何を述べる必要があろう。人々は長時間、討議につぐ討議をかさねたのち、法王クレメンス二世の布告、つまりシモニストによって叙任されたもの、そのシモニストたるを知りながらも昇任のゆえに身を委ねたものは、四十日間の悔悛を行なうべく、しかるのち受領した聖職を執行すべし、とする布告に想いいたった。法王レオはこの布告を検討し、これを有効なりとし、（問題のシモニストによる叙品を受けた聖職者に対し）同じ悔悛を行なったのち受領した聖職を保つべきことを命じた」

こうしてレオ九世の教会改革を目的とした第一回の公会議は、その目的の半ばを達したにすぎなかった。

ところで以上ペトルス＝ダミアニの報告をくわしく引用したのは、この報告によって知られる一〇四九年のローマ公会議が、グレゴリウス改革の発端をかざるに足る重要な内容をもっているからにほかならない。すなわちそこにはシモニアの追放が宣言されているばかりではなく、グレゴリウス改革の理論となる特徴的な秘蹟論がすでにあらわれているのである。

聖職売買が、使徒行伝八章十四節から二十四節にみえる魔術使《マグス》シモンの故事――シモンが使徒ペテロに聖霊を授ける力を金で求めようとして叱責されたこと――に基づき、古くから教会の重罪の一つに数えられてきたことは、ひろく知られているとおりである。五世紀に成立した「使徒教令」第三十章は、シモニアの罰を規定して、「何びとたりとも金銭によって聖職を得たものは、叙任者ともども追放さるべきこと」としている。しかしある人が、シモニストたる聖職者から、無償で、つまりシモニアなしに、聖職を受けたときはどうなるのか。われわれがすでにくわしく検討したところによれば、カトリック教会の正統の教義は、「不法ではあるが（一旦叙品が行なわれた以上は）有効である」とするものであった。

レオ九世の当面した問題は、ペトルス＝ダミアニの報告を信ずるかぎり、シモニストから無償で聖職を得た人々の処置であった。これを追放しようとしたレオ九世は、明らかにアウグスティヌス的・グレゴリウス一世的教義から逸脱している。この学殖あさからぬ法王は、なぜ伝統的教義を逸脱したのか。結論的にいえば、彼はこの教義を十分に知らなかったのである。彼は目的のために手段を選ばぬ型《タイプ》の政治家ではなかったし、他方正統教義の伝承がローマ教会においてさえ、決して確実ではなかったからである。しかし他方では、正統教義を確信する人々がいなかったのではない。たとえば、報告の作者ペトルス＝ダミアニはまさにその一人であり、この報告をのせているその論考 *Liber Gratissimus* は、法王レオの懇請《こんせい》もあって、一〇四九年の公会議の三年後に、秘蹟論の正統教義を明らかにすべく書かれた護教の書だったのである。

しかしペトルス＝ダミアニは、レオに反抗する聖職者側の意見としては、ただ瀆聖聖職者の叙品秘蹟の否認は教会の存立にかかわるという、実際的理由をあげているだけである。これは問題に対し対立する賛否両論があり、正統教義はただその一方であったことを示すものと解すべきであろう。もしこの解釈が許されるとすれば、少なくとも一〇四九年からペトルス＝ダミアニの論考のあらわれる一〇五二年までのあいだ、正統教義は知られていないわけではなかったが、論争の対象でしかなかったことになる。レオ九世はただ実際的理由から妥協し、クレメンス二世の裁定に従ったにすぎない。それゆえ彼は、折あらばその所信を断行しようとし、ドイツ、フランス、イタリア各地に、何回にもわたって開いた精力的な改革公会議活動をとおして、シモニストとその被叙品者の追放、しかも後者の再叙品による教会への復帰をはかった。それは後に再説するように各種の史料からみて疑問の余地はないのである。

しかしシモニストによる被叙品者の追放が、正統教義からみて違法である以上に、その再叙品は重い違法である。カトリックの正統秘蹟論、換言すれば事効論は、普通の常識にはつまずきとなるものでもあろう。しかしその他の点では無比の聖職者たるレオが、「法の印」論によってそれほどに明確な再叙品の禁を解しえなかったことは不思議というほかはない。

この謎をとく唯一の説明は、当時の教会がそれほどにシモニストに満ちており、それに対する改革者の憤りがそれほどに強かったということであろう。さもなければ中世前期における伝承の不確実さも、イノセント一世をはじめとする五世紀の大法王たちの誤解の可能性にとむ書翰も、七六九年のローマ公会議の誤った決定も、『法王列伝』の歪曲された記事も、正統教義の誤解をひきおこすはずはなかったと考えられるからである。

いずれにせよ、レオ九世はその改革精神の純粋さから、アウグスティヌス対ドナティストの論争の再版であるグレゴリウス改革の秘蹟論争の種子をまいたのである。それがグレゴリウス改革の展開に従ってどのような発展をみせるか、それがわれわれの次の問題である。

◉再版「ドナティスト論争」の展開

十一世紀の秘蹟論争がおこるのは、前節にくわしく述べたように、レオ九世による一〇四九年の復活祭ローマ公会議以来である。しかし一方に教会の腐敗のあるとき、主観主義的・人効論的秘蹟論は、道徳的厳格主義《リゴリズム》からも宗教的ファナティシズムからも、ともに主張される可能性のあることは、中世前期の秘蹟論発展の経緯から容易に推察できる。それゆえレオ九世以前においても同種の秘蹟論はすでに存在していたと考えてよい。少なくともわれわれは、ミラノ大司教区のシモニアのはなはだしさに憤ったアレッツォのウィドーなる人物が、一〇三一年にドナティスト的秘蹟論を述べているのを見いだすことができる。

この議論がレオ九世の主張と事実上なんらかの関係があったかどうかはつまびらかではない。しかしレオ九世の改革公会議を機として、秘蹟論争が一時に騒がしくなるためには、このウィドー的意見が、すでに背景として存在していたと解するのが自然であろう。そのことは、グレゴリウス改革にともなう最初の重要な文献、ペトルス＝ダミアニの *Liber Gratissimus* の序文からも明瞭によみとることができる。

次にこのペトルスの秘蹟論の紹介にうつるが、彼は十一世紀における最もすぐれたアウグスティヌス主義者で、その所論はいうまでもなく伝統的客観主義、すなわち事効論の立場に立っている。

ペトルス＝ダミアニ（一〇〇七—一〇七二年）はラヴェンナの貧家に生まれたが、幼少時から示した異常な学才を認められて、勉学のため修道院に送られた。二十八歳のときベネディクト系の隠修修道院フォンテ－アヴェラに入り、やがてその長となり、ここをはじめ多数の修道院の改革でひろくイタリアに知られるにいたった。彼は当時の教会の腐敗に対する徹底した闘士であったが、誠実で深い宗教的敬虔の人であり、またイギリスの教会史家ノールズによれば、中世のラテン散文の代表的作家でもあった。一〇五七年、彼はヒルデブランドの懇請によって、多分に彼の素志に反して、オスティアの大司教兼枢機卿となり、爾後グレゴリウス改革の最も重要な人物の一人となった。彼はグレゴリウス七世となったヒルデブランドを「聖なるサタン」と評したが、彼はまた時人に「第二のヒエロニムス」といわれた。禁欲にすぐれた聖書学者の意味であろう。十九世紀、レオ十二世によって聖徒に列せられ、「教会の博士」とおくり名されている。

ペトルス＝ダミアニの *Liber Gratissimus* は邦訳に困る標題の書であるが、グラティアは恩寵であり、それからつくられた副詞グラーティスは転じて、現代英語と同じく、代償のない、無償の、という意味になる（グラティッシムスはその最上形）。神の恩寵は人間のメリットにはなんら関係しないからである。この標題にもそのような意味がふくまれているとさしつかえない。結局リーベル-グラティッシムスは、ひとえに神の力のみによってできた書、強いていえば恩寵の書ともいえるが、ここでは便宜上『秘蹟論』としておく。

この書は友人のラヴェンナ司教、ハインリヒに宛てられているが、その序文は前述したように、作成の経緯を示している点で重要である。「シモニストによって無償《グラーティス》で叙品された人々に関して、三年間にわたり、三回のローマ公会議で、どんなにも論議が交わされたか、またそれらの地方でどんなにも当惑し、混乱した疑問が日々問題になったか、貴下が知らぬわけはないと思う。ことに疑惑の波が高まるにつれて、少なからぬ司教たちが、シモニストによって叙品された聖職者を改めて叙品するという事態までが生じたのであるから」

そこでペトルス＝ダミアニは、多くの同僚聖職者からこの問題について筆をとることを求められ、またレオ九世自身も、一〇五一年の公会議で、全司教に対して正しい秘蹟論の究明をもとめるにいたったといった事情も加わって、この全四十一章から成る『秘蹟論』が執筆されることになる。

彼はまず、神と人との仲介者であるイエス＝キリストによる教会設立の趣旨と、キリストが尽きることのない恩寵の施与者であることを述べたのち、キリストが全聖職者の主であり、全聖職者の叙任権を根源的に掌握している事情を説明していう。「司教等はたとえその課せられた職務によって叙品を行なうとみえても、みえない仕方で聖霊を与えられる方こそ、真実叙品する方なのである」。ここに早くも、カトリック的秘蹟の客観性が明確に述べられる。

ついで彼はサマリア人への聖霊授与（使徒行伝八章十四節）の例をひき、彼らに按手した使徒の寛大さではなく、使徒の職権によってサマリア人が聖霊を受けたことを指摘し、さらにキリストが使徒等を洗礼に派遣したとき、キリストは彼らに秘蹟の力をゆだねたのではなく、ただその執行者としたのみであるとし、キリストが彼らに向かい、『全世界におもむいて全人類を父と子と聖霊の名において洗礼せよ』（マタイ伝二十八章十九節）といわれたとき、明らかに使徒たちではなく、彼らがその御名において洗礼した方こそ、疑問の余地なく、洗礼の創設者であることを明示されたのである」と説明する。

それゆえ、ペトルス＝ダミアニによれば、外部にあって職務を執行する聖職者ではなく、神＝キリストこそが目に見えぬ仕方で、秘蹟を行なうのだということになる。洗礼がすでにそうであるように、叙品にあっても、事情はまったく同じである。そして洗礼によって人が罪のゆるしを得、叙品によって人が聖職を得るのは、ただそれらの秘蹟授与にさいしてはたらく聖霊の力のみによるのであるから、洗礼や叙品の効果は、その間にあって秘蹟を行なう人間の徳性や力に帰せらるべきではなく、秘蹟の創設者である神にのみ帰せらるべきもの、といってよいのである。

　このようにして、もし洗礼・叙品の両秘蹟において、真にそれを執行するものが、神＝キリストであるとすれば、「異端者によって洗礼されたものが再洗礼さるべきでない以上、シモニストによって叙任されたものがどうして位を追われたり、また再叙品される必要があるのか、私にはまったくわからない」ということになる。また人々はしばしば、洗礼を特別のものとして、たとえ正規の聖職者によるものではない場合にも、再度の受洗を禁じているのに、叙品のほうでは繰り返しを認めているが、これは両秘蹟とも同じ聖霊を、しかも同じキリストから受けているのであるから、この点（秘蹟繰り返しの禁）で、洗礼と叙品とを区別すべき理由は何もないのである。

　このような論理をたどったのち、ペトルス＝ダミアニは秘蹟一般について一つの結論を下す。

　「それゆえ、疑問の余地なく次のことを信ずべきである。すなわち、もしいかなる教会聖職の叙品にもあれ、それがカトリック教会の内部で行なわれたとするなら、つまり受授者双方に正しい信仰があるというふうに、正統信仰の一致において行なわれたとするなら、善人によって善人に与えられるものは何事にもあれ、悪人に対し悪人によっても有効に与えられうると。なぜなら、この秘蹟は、秘蹟執行者の、ないしは執行するであろう人の功徳にではなく、教会制度に定められた聖職と神の御名の呼びもとめに依存しているのであるから」

親鸞の悪人正機説をおもわせる、ペトルス＝ダミアニのこの結論――それは形のうえでは中間的結論だが、その重みは全篇のそれだといってよい――の意味するところは、一読して明らかであろう。これは信仰の達人にしてはじめて下しうるものであり、文章もまたその気魄をつたえている。しかし、彼が秘蹟執行の条件として、秘蹟が「カトリック教会の内部」で行なわれる点を強調していることは、問題となる点であろう。つまりグレゴリウス改革での排撃の対象となった聖職売買の当事者が、外見的にはともかく、本来の教会の内部に存在しうるか否かということである。主観主義的秘蹟論をとるものは、キプリアヌスやドナティストの昔から、グレゴリウス改革の左翼にいたるまで、問題なく、シモニストはすでにシモニストたることによってみずからを教会外におくものだとする。そして秘蹟論争に関する今日までの最大の権威であるサルテ神父も、この点に関するかぎり同じ結論をもっている。

サルテは、全体としては、もちろん、後述するグレゴリウス改革のイデオローグであったフンベルトゥスではなく、ペトルス＝ダミアニの正しさを認めるのであるが、彼の以上の結論に関するかぎり、これをペトルスともあろう学者にあるまじい誤謬ときめつけている。だがわたくしのみるところ、問題はしかく単純ではない。

今日の目からみれば、もちろん、ペトルスの誤謬は明らかであろう。たとえばそれは現行カトリック教会法典 *Codex iuris canonici* 二三七一条の規定からみても、シモニストは異端の疑義をこうむるのである。異端であれば当然教会外的存在である。しかしシモニストがただちに異端であるか否かは、ペトルスの当時、客観主義的秘蹟論――それが今日では正統なのだが――が完全に正統教義たる位置を確立していなかったと同様、決定されていたとはいいえない。当時、異端とは、より具体的なマニ教的なもの、あるいはキリスト論におけるアリウスをはじめとする四、五世紀の公会議で否認されたところの教義とその信奉者をさす言葉であった。それなればこそ、ペトルスは、「シモニストは、たとえ彼が誤った取引によって異端とされたとしても、信仰においてはカトリックなのであるから、その罰《ダムナチオ》は、邪信に属するというより、野望に出るものである」ということができたのである。

もちろんペトルスは、シモニストとニコライット＝妻帯聖職者の害悪から教会を浄めるために、隠修士の生活を公的政治生活に代えざるをえなかった人物で、シモニストの排撃には人一倍熱心だったのである。したがって、彼はシモニストは教会から追放さるべきものと信じていたに相違ない。しかしそれはシモニストがおのれの罪に省みるところがない場合であって、シモニストがシモニストたることによって、ただちに教会外におかれるとは考えていなかった。換言すれば、シモニストがその罪を悔い悔悛に服する場合にはどうなるのか。彼がシモニアによって得た品級（聖職）を失うことはもとより当然であるが、それが教会からの追放をただちに招くべきものであったかどうかは、ペトルスの場合、疑問とされたのであろう。彼はシモニアの罪の重さは十分に認めながら、しかも、その罪の性質はいわゆる異端、つまりだれでもが知っているマニ教的、グノーシス的、あるいはアリウス的、ネストリウス的異端とは、性質上区別さるべきものとするのがペトルスの、右の引用にあらわれた真意だったと考えられる。また同じ中世教会には少なからぬシモニストの法王がいるのに、今日でも彼らが正式の法王リストにのせられている理由を、シモニストはすでにシモニストたることによってみずからを教会外におくとする立場からどう説明するのか。

問題は決してサルテがいうように単純ではない。ペトルス＝ダミアニが、有効な秘蹟執行の条件として、「教会内執行」をあげているとき、この教会の意味は、その次に、「すなわち、秘蹟受授者双方が正しい信仰をもち、正統信仰の一致において行なわれる」ことと注釈しているように、まったく抽象的に解せられている。それは目にみえる教会ではなく、カトリック信仰の存在するかぎりといいかえることができる。ペトルスはシモニストにカトリック信仰の可能性を認めているのであるから、このことは完全に可能であり、論理的にも矛盾はない。プロテスタントの学者で、ドイツ教会史のいまだに凌駕《りょうが》されない最大の権威であるアルベルト＝ハウク、同じく中世ローマ法王史の権威、カール＝ミルプトも、ペトルスの結論を高く評価しながら、この問題をペトルスにおける教会概念の二重性をもって解決しようとしている。

私はペトルスが、「秘蹟受授者双方が正しい信仰をもち云々」といっていること、換言すれば、ペトルスが教会の抽象的理解を試みている箇所は、カトリック教会の秘蹟執行の三要件の一つ、すなわちインテンチオ＝意図の問題と解するならば、必ずしもこれをとくにとがめる必要はないのではないかと考える。インテンチオというのは、前篇にひいたエウゲニウス四世の一四三九年の勅書（六五ページ）に、洗礼の条件を規定して、「緊急の場合には、女性や異端・異教のものすら、教会の定める言葉を用い、教会の為そうとするところを為そうとするかぎり（傍点著者）」という説明にみられるものである。もしこのようなインテンチオが異端・異教の徒に可能であるとされるかぎり、ペトルスがシモニストにカトリック信仰の可能性を認めたことも、同じく正しいとされなければならない。逆にいえば、エウゲニウス勅書のこのインテンチオを否定しないかぎり、ペトルス＝ダミアニの「シモニストもその信仰においてはカトリックなのだ」とする考えを、無下にしりぞけることは困難であろう。またこの点を認めるならば、ペトルスが、「秘蹟が教会の内部で行なわれるかぎり」といっているところを、ペトルスともある人のあるまじき誤謬ときめつけることに、わたくしはすぐさま承認を与えることはできないのである。

さてペトルス＝ダミアニを改革派の最右翼とすれば、枢機卿フンベルトゥスはその最左翼をなすといってよい。この二人はグレゴリウス改革の初期における、ローマ教会の最大の大立物で、ヒルデブランド、すなわち後のグレゴリウス七世も、彼らの在世中（フンベルトゥスは一〇六一年歿、ペトルスは一〇七二年歿）には、むしろその背後にあったといってもよい。

ところでペトルス＝ダミアニが、終始、修道院への引退をねがった性来の隠修士であったとすれば、フンベルトゥスは、これとまったく異なった型の政論家であった。学者によってはフンベルトゥスを当時のローマ教会における孤立的存在とみようとするものがあるが、それは疑問である。というのは、彼は一〇五四年の東西両教会の断絶がおこったとき、対東ローマ教会の問題について、法王レオ九世の使節としてコンスタンティノープルに使いしたし、ローマ教会の「自由」に向かっての第一歩ともいうべき、ニコラウス二世の「法王選挙規定」（一〇五九年）の起草者でもあったからである。

このフンベルトゥスがまた、俗人による聖職者任命をあえてシモニアと規定し、グレゴリウス的理論の核心を決定した最初の人物であった。この規定を盛った彼の長大な論考『シモニスト駁《ばく》論　三巻』こそは、当面の秘蹟論の争いにおいて、ペトルス＝ダミアニとはおよそ趣を異にしたポレミックな述作であった。一言にしていえばグレゴリウス主義のイデオロギーは、この著述によって体系を与えられたといってもよいのである。

フンベルトゥスの『シモニスト駁論　三巻』は、前掲のペトルス＝ダミアニ的秘蹟論に対する反論として書かれたものであるが、その成立は普通一〇五八年前後とされている。しかし、三巻のうち、ただ一つ例外的に対話の形式をとり、秘蹟論の主要部分でもある第一巻だけは、ペトルスの『秘蹟論』が書かれた一〇五二年の直後に書かれたという説がある。他方、俗人の司教選任をシモニアと断定しているのは主として第三巻である。レオ九世の徹底したシモニスト追放の背後の理論家とみられるフンベルトゥスは、ペトルスの『秘蹟論』を黙過しうるわけはないから、この説はあるいは正しいかもしれない。ともかく彼は恐るべき博引旁証と激情のかぎりをつくして、シモニスト秘蹟の否認を行なうのである。

彼の論理は、シモニストは金銭で聖職を、したがって聖霊を買えると信じているのだから、それを買えまいかと考えて使徒ペトロに頼んだ魔術使シモン以上に罪が重い。その罪の重さは極悪の異端アリウスのそれをも越えるものである。したがってシモニストはその行為自体によって、みずからを教会外におくものであり、他方聖霊は教会の内部でだけ作用するものであるから、シモニストの秘蹟は無効である、というのである。ここまでは一つの主張として意味もあり、筋もとおっている。ところが、恐るべき博覧強記のフンベルトゥスには、正統の教義が、繰り返し教会外秘蹟の有効性を確認してきた事実を知らずにいることはできなかった。そこでシモニストによる秘蹟、つまり教会外秘蹟を否認するためには、ある特殊な論法を用いる必要があった。これを彼は洗礼と叙品とを区別して説明する。

まず洗礼についていえば、フンベルトゥスは異端（シモニストをふくめ）による洗礼は聖霊のはたらきを欠いた「単なる洗浄《ラヴァクルム》」にすぎないのでまったく価値のないものだが、法王レオ一世をはじめとする諸法王によって、それにもかかわらず認められてきたのは、まったく実際上の、便宜上の理由によるものであるとする。すなわち、「カトリック者が異端洗礼を繰り返しえないと認めたのは、たしかに、ある程度その神聖性を認めるとか、それに敬意を払うとかいうためではない。争い好きで無経験な大衆の反感をさけ、なんとかしてより多数の人々をキリストのもとにもたらさんがため、大方は不完全なものと認定された異端による洗礼を容認したまでである」と。

しかし再叙品についてはもっと別な論法が必要であった。それはフンベルトゥス自身が、この点についてのペトルス＝ダミアニの見解を否定しえず、フンベルトゥス自身、あるフランスの司教に宛てた書翰のなかで、「かつて吾らが主、法王（レオ九世）が試みたような、下級聖職者や司教の再叙品を行なうといった試みはあるべきではない」と、明瞭に再叙品を否定しているからである。これもまた洗礼の場合と同じく、教会外秘蹟の全面的無効論とは矛盾する論理である。しかしフンベルトゥスは、教会外叙品の再叙品は行ないえないとしても、異端・シモニストによる被叙品者をそのまま認めておくこともできない。そこで彼のとった論法は、教会外叙品はまったく無内容であり、したがって教会外叙品という事実も存在しなかったのだという点を強調することになる。この論法も実はキプリアヌスがかつて採ったものであるが、フンベルトゥスのそれは、キプリアヌスより、一段と手がこんでいる。彼はまず、異端による按手（第一）と、その後にカトリック聖職者によって行なわれる按手（第二）――これはつまり秘蹟の再執行になるのだが――の関係について述べる。

「もしカトリック者ののちに異端者がというのでなく、異端者ののちにカトリック者が按手するというのであれば第二の按手は正当でまた必要でもある。だが慎重に考えてみるなら、この按手（第二）は慣習上（ないしは儀式上）第二のといわれているので、正当にそういわれているのではない。なぜなら法王イノセント（一世）は、一切の異端の按手は誤りであり、カトリックのそれが正しいと証言しているからである。そこで異端の按手が誤りで、カトリックのそれが正しいとすれば、誤りの按手は、まったく内容のない（外形上の）類似から、言葉を濫用して、第一のといわれ、正しい按手は同じく濫用的に第二のといわれたことがわかる。というのは、両者は、相互に、本質的にも偶然的にも、数としての同質性を少しも持っていないからである。……ところで一方が誤りで他方が正しい以上、まったく矛盾しまったく類似性のない二つのものにあって、第一とか第二とかいわるべきではないことがわかる。同じことが再叙品についてもいわるべきである。一般に、もし、異端者のあとに異端者が何びとかに按手したとするなら、それは間違った再叙品であり、それゆえまた叙品ではなく、かえって二重の劫罰である。しかるにもし、カトリック者が異端者のあとに按手するなら、それは正しい唯一の按手とみなさるべきで、それゆえまた再叙品ではなく、唯一の浄化《プルガチオ》なのである。しかしこの叙品を、カトリック者がカトリック者ののちに繰り返すなら、それは明らかに正しいものを間違ったものにまぜ合わすもので、それゆえまた再叙品をしたともいうべきではなく、みずからをも他人をも、正しいものから誤ったものに誘ったとすべきである」

一言にしていえば、これはおよそ再叙品なるものは存在しないということで、まことに強引無双の論理である。それはまた、再叙品という具体的な問題を、再叙品の概念または言葉の問題にすりかえたスコラ的論義といってもよい。フンベルトゥスがなぜこのような論理を編み出さなくてはならなかったかは、一方では、ローマ教会のなかにみちみちていた聖職売買の慣習があまりにもはなはだしく、他方ではしかし、ペトルスに代表された正統的秘蹟論を、少なくとも部分的に容認しなければならなかったためと考えられる。しかし同時にそこには、レオ九世の場合に認められるように、先にくわしくみたローマ教会の伝承の不確実さが関係していたためであろう。

さてそれではペトルスとフンベルトゥスに代表される秘蹟論は、そのどちらが勝利を占めたのか。これは簡単にはこたえられない問題である。レオ九世以後しばらくはペトルスの秘蹟論が種々の決定のなかにある反映をみせている。しかし、グレゴリウス改革が俗人叙任権の否定に向かって傾斜してゆくとき、ペトルスの説ではなく、フンベルトゥスの説が有力になっていったことは当然と考えてよいであろう。

次には一応、秘蹟論の論義そのものではなく、それが改革期の諸法王ないし諸公会議の決定のうえにどう反映していったかを見なくてはならない。

第五章　グレゴリウス改革と秘蹟論争（続）

業を為すものはときに不純であっても、為されたる業はつねに純潔である。

イノセント三世『祭壇秘蹟論』

◉再版「ドナティスト論争」と改革派諸法王の態度

すでに何度か述べたように、レオ九世の第一回ローマ公会議は、グレゴリウス改革の始動を告げる重要事件であったとともに、いわゆる再版「ドナティスト」論争の導火線ともなった事件であった。そしてレオ九世が、ペトルス＝ダミアニのアウグスティヌス的秘蹟論と、枢機卿フンベルトゥスのドナティスト的秘蹟論の両極の対立に迷いながらも、実際においては、フンベルトゥス的立場において、何人かの教会外的司教叙品の無効を宣言し、その再叙品をあえてし、そのため教会に大きい混乱を惹起したこともすでにみたとおりである。このとき以来、グレゴリウス改革の進展とともに再版「ドナティスト」論争・秘蹟論争は急速に熾烈となり、キプリアヌス的・ドナティスト的理論が改革派諸法王やその公会議の決定を支配するにいたった。ドナティストが皇帝ホノリウス治下のカルタゴ公会議（四一一年）によって異端と宣告された秘蹟論をもっていたとすれば、グレゴリウス主義の諸法王は、その理論の本質的部分を継承することによって、異端的秘蹟論をもったことになるのである。そしてグレゴリウス改革が、中世カトリック教会の確立者であるとするなら、中世ローマ教会の「正統主義」は、まさに「異端」的秘蹟論によって確立されたことになる。わたくしは十一、二世紀のグレゴリウス主義の諸法王を――それは形式論理的には十分可能である――異端として断罪しようとは思わないし、断罪はわたくしになんら関するところではない。興味があるのは、むしろ、歴史が示すのを常とするおどろくべき発展のダイナミクスであり、そのアイロニーである。

グレゴリウス主義者が教会の異常な危機にさいして、異端的秘蹟論におちこむ理由は、歴史的にみて十分に存在した。正統的教義に関する伝承の不確実と歪曲ばかりではなく、客観的にみてアウグスティヌスの秘蹟論がローマ教会内に十分に確立されていたとみることは困難だからである。そのうえ十二世紀のペトルス＝ロンバルドゥス（一一六〇年歿）の『神学命題集《リブリ・センテンティアルム》』以来、次第に一般化する七秘蹟論も、その直前の最大の教会法学者、ユーグ＝ド＝サンヴィクトール（一一四一年歿）では三十以上の秘蹟が数えられているというふうに、なにが真の秘蹟であるかさえこまかい点では決定されていなかったのである。したがってグレゴリウス主義者が、教会腐敗の根源を俗人の教会支配にありとし、聖職売買《シモニア》の拡張解釈を試み、シモニストの追放のためにドナティスト的秘蹟論を援用しうる余地は、なお存在していたとみるのが自然である。そしておよそ革命なるものが、ファナティックな急進主義《ラディカリズム》なしにはその歴史的・合理的な目的にさえ到達しがたいものであるとすれば、グレゴリウス改革にみられるファナティシズムは、中世カトリシズムの復興が必要としたエネルギーの大いさを証明するものともいえよう。

わたくしは個人的にはペトルス＝ダミアニの人とその運命に多大の共感を感ずるものだが、実際政治におけるペトルスの公武合体論的イデオロギーをもってしては、グレゴリウス改革の達しえた目標に到達することは疑問であったと考えざるをえない。しかし、目的のため手段を選ばなかったグレゴリウス改革が、やがて巨大な負い目をローマ教会に課するにいたったことは、ただ歴史のきびしい論理というほかはない。

さて、レオ九世の二人の後継者、ヴィクトル二世（在一〇五五―一〇五七年）、ステファヌス九世（在一〇五七―一〇五八年）の両法王については、前任者のそれに類似した秘蹟論上の決定は何一つ知られていない。しかしこの間に問題がなかったのではない。ミラノでは、大司教教会の腐敗に抗議する宗教的・社会的な民衆運動「パタリア」が一〇五六年に勃発し、ローマ教会はステファヌス九世にいたってこれに対する支持の態度を固めているし、枢機卿フンベルトゥスはやはりこの間に例の『シモニスト駁論　三巻』（一〇五七―一〇五八年）を完成している。政治の大局からみれば、一〇五六年におこった皇帝ハインリヒ三世の死とそれにつづく帝妃アグネスの摂政期は、ローマ教会改革の主導権が、完全に教会側に移った時期であることを示している。

一〇五八年のニコラウス二世の即位は、グレゴリウス改革の新しい転回点を示している。翌年、ローマ教会は、ミラノ大司教教会の改革とその独立的地位の打破――それはミラノをイタリア支配の最重要拠点とする皇帝権力にも大きい打撃となる――のため、パタリア運動への積極的支持を決定し、またグレゴリウス改革の最初のプログラム実施ともいえる、枢機卿会議による法王選挙の規定を作成した。この規定は直接的には、レオ九世以来、イタリアことにローマ以外の外国人聖職者の比重を増した法王庁幹部が、法王選挙をローマの地方的・世俗的利害から護ろうとして定めたものであるが、結果的には皇帝権を中心とする俗人の干渉一般の排撃という意味をもつこととなった。

同じ年、ニコラウス二世は、この法王選挙規定の公布のための回章を出しているが、これは司祭とそれ以下の下級聖職者に向けられた純潔教令ともいうべきもので、はげしい言葉で彼らの妻妾所有を難じ、不服従者の聖務履行とそれに伴う収入取得の禁を定めたものである。しかしそれは内容上はベネディクト八世の教令（一〇二二年）の再交付にすぎない。

しかしより重要なのは、やはり同年に行なわれたローマ公会議で、その決定は「反シモニスト教令」として翌一〇六〇年に公布されている。この教令は、シモニストに対する体系的な処置を明らかにした最初のものである。ニコラウスは、まずシモニストに対する厳格な追放処置を定めたのち、「しかしシモニストからシモニアなしに聖職を得たものについては、この問題が久しい以前から論義されてきたことに鑑み、一切の疑念を一掃しよう」とする。かかる聖職者は、その生活に難点がないかぎり、「正義のゆえにではなく、憐愍《れんびん》のゆえに」その地位にとどまりうるものとする。しかも彼らに対する特別の措置を要するのは、「その数があまりにも多く、教会法の厳格な適用が不可能だから」である。それゆえ、聖使徒の権威にもとづき、「予の後継者のあるものが、いつにてもあれ、容認を法規にかえることを禁ずる」。なぜなら、この容認は昔の諸法王の命令によるものでも、また譲歩によるものでもないからである。したがって、「将来もし何びとかが、その人のシモニストたることを知りつつも、その人にみずからの司教叙階をゆだねるならば、叙階者も被叙階者もともに同じ断罪の宣告を受くべきもの」とされるのである。

ほぼ右のような内容をもつ「反シモニスト教令」で重要なのは、「シモニアなしのシモニストによる叙品」は法的にはまったく不正であり、それを認めるのは、もっぱら憐愍にもとづくこのたびかぎりの便宜上の措置であり、将来を拘束するものではないとした点である。これは結局、基本的にはフンベルトゥスの立場に立ちながら、その例外規定においてペトルス＝ダミアニ説に譲歩した折衷案といえるが、レオ九世以来の主観主義的秘蹟論を正式に理論化したものとして、グレゴリウス主義の発展に一つの段階を画したものである。

ニコラウス二世のあとをおそったアレクサンダー二世（在一〇六一―一〇七三年）はルッカの司教であったが、もともとミラノの近傍バギオ出身で、パタリア派聖職者に属した。それゆえ彼がパタリア派の指導者エルレンバルドに聖ペテロの旗をおくって激励しているのも当然であるが、彼には他方、ローマ貴族党派におされ、摂政アグネスの支持をも得た対立法王があり、グレゴリウス改革はいよいよその政治的性格を明瞭にしていった。また改革派法王がその後ろ盾とするにいたった南イタリアのノルマン人との提携も、ニコラウス二世の時代（一〇五九年）に実現していた。それゆえ、アレクサンダーの時代が、いよいよ独立にその改革プログラムを追求するようになったのは当然であり、パタリア問題においても、大司教グィドーの死（一〇七一年）にさいして、反動派が後任大司教の選任に勝利を占めたときは、パタリア側の候補者を積極的に承認して運動への梃子《てこ》入れを行なった。

一〇七二年にはペトルス＝ダミアニが歿し（フンベルトゥスは一〇六一年歿）、皇帝と法王間の最後の調停者が失われたが、それは同時にグレゴリウス主義的秘蹟論の尖鋭化を抑制する最も重要な理論家が消えさったことを意味した。翌一〇七三年、アレクサンダー二世が歿してグレゴリウス七世の登場を迎えたとき、グレゴリウス主義の急進化をはばむ勢力はすでにいちじるしく無力であった。

グレゴリウス七世（在一〇七三—一〇八五年）はすでに久しく改革法王庁の陰の実力者であった。しかし彼も最初から皇帝との正面衝突を考えていたのではなかったように、その俗人叙任権の排撃とそれに伴う秘蹟論も、政治情勢の激化に応じて急進化していったとみられる節がある。

一見不思議なことではあるが、それまでの諸法王の文書に比し、グレゴリウス七世の文書はもちろん量的には急増するが、重要文書で欠けていると思われるものが少なくない。これはとくに「カノッサの屈辱」（一〇七七年）以前の秘蹟論争についていえるもので、その理由が、一〇七五年の「法王教書《ディクタトゥス・パパエ》」の発布に示されるように、普遍的・絶対的権威としての法王権の自己主張（グレゴリウス理念の宣布）に重きがおかれ、秘蹟論争には新しい展開がみられなかったことによるのか、あるいは「法王教書」の発布直前に開かれた一〇七五年の四旬節公会議における、俗人による聖職叙任の禁令の発布に伴い、秘蹟論に関する新しい展開があったのに、その文書が失われたことによるのか、この二つの可能性については、そのいずれとも簡単には決めがたい。

しかし現在まで残されている文書だけによって判断するかぎり、グレゴリウス七世の秘蹟論の急進化は、ほぼ一〇七八年以降、つまり「カノッサの屈辱」によって皇帝権に対する勝利が獲得されたのちにおいて、明瞭となるといえるのである。それ以前の段階では、強い語調をもった民衆への訴えが繰り返され、その訴えの範囲もイタリアをこえてアルプスの北方、とくにドイツに向けて拡大されるが、その内容は本質的に聖職者に対する純潔教令を多く出るものではない。

たとえば、一〇七四年の四旬節公会議では、姦淫聖職者に対し、ミサ聖祭と下級四段の叙品（副助祭《スブディアコーヌス》より下の聖職の叙品）執行が禁ぜられたのち、「予および諸法王の法令を軽んずるものがあれば、民衆は彼ら（姦淫聖職者）の執り行なういかなる聖務をも受くべからず、また神の愛と聖務の尊厳にもかかわらず矯正されえないものは、世間の嫌悪と民衆の非難を受けて思いしらされるところのあるように」といわれている。この教令の語調は、グレゴリウス改革が本格化したニコラウス二世以来のものだし、その内容も罰則をふくまない倫理規定である。

翌一〇七五年の四旬節公会議の決議も、ほぼ同一内容のものだが、その結果は法王書翰（ハルベルシュタット、ケルン、マグデブルク宛の三通が現存）としてドイツの司教に送られている。一〇七六年、ハインリヒ四世との正面衝突がおこり、相互に廃位と破門が交換されたのち、同年十月には、メッツの司教ヘルマンに宛て、「詛われたもの、また破門されたものが祝福を与えうるとか、彼らがあえてその行為によって否定した神の恩寵を、他人にも施しうると考える」狂気の沙汰について述べられ、さらに十一月には、フランドル伯宛ての書翰で、「貴国には姦淫になずみながらも司祭と呼ばれているものが、ミサを誦しつつ、平気でキリストの身体と血にふれ（聖体秘蹟）、しかも娼婦の身体とキリストの身体とに同時に触れることが、どんなに狂気じみたことであり、また冒瀆であるかに気づかぬものがあると報告されている」と述べられている。

　このようなグレゴリウス七世書翰によってみるかぎり、秘蹟論の格別の進展はなかったと考えることが自然であろう。

　ところが、「カノッサの屈辱」以後になると事情はがらりと変わってくる。すなわち、一〇七八年の四旬節公会議では、「破門者によって叙任されたものの行なう叙品（秘蹟）は、諸法王らの示した立場にしたがい、効果なきものと判定する」と決議され、同年十一月のローマ公会議では、シモニストによる叙品に関し、「金銭の提供、または何びとかの同じ意図による義務引受（事後の金銭提供）をもって行なわれた叙品、あるいは教会法規に則った聖職者と民衆の一致した同意なしに行なわれ、聖別権をもつものの承認を得ない叙品は、効果なきものと判定する」と決定されている。

　この二つの公会議決議のなかではじめて、グレゴリウス七世の叙品秘蹟に関する態度が表明されることになるのであるが、問題になるのは「効果なきものと判定する」という言葉である。これはイリトゥス irritus という原語で、一般に価値なし・効果なし等の意であるが、上記の二つの決議中の文脈において具体的に何を意味するのかということである。プロテスタント側の代表的教会史家ミルプトはこれを問題となる叙品秘蹟そのものの全面的否定と解釈するのに対し、サルテはこの解釈が当時のイリトゥスの慣用を無視したもので、秘蹟そのものは有効だが、実効を伴わないものと解釈する。ミルプトの解釈をとれば、秘蹟の再執行（十分な資格所有者による）を必要とするし、サルテの解釈に従えば、関係管区司教（もちろん十分な有資格者）による、教会との和解を実現するための按手があればよいということになろう。念のためもう一度パラフレーズすれば、シモニスト司教による教会外叙品秘蹟について、ミルプトの解釈では主観主義的立場がとられていることになり、サルテの解釈では、客観主義的立場がとられていることになる。

この対立のきめ手となるのは、まずこれ以外の場合における同じ言葉の用法の比較であるが、サルテの意見はグレゴリウス七世の後継者ウルバヌス二世の場合にはある妥当性を認めうるが、グレゴリウスの場合にも全面的に妥当するかどうかは、問題である。

他方ではまた、同じ一〇七八年に、スペインのゲルンドゥム（ジロン）で、法王使節オロロン司教アマトゥスの司会で行なわれた公会議では、明瞭に秘蹟の再執行が規定されている。すなわち同公会議決議の第十一章には、「もしある教会が金銭の提供により、またはシモニストによって祝別されたとすれば、正統な司教により、教会法規に則り、あらためて祝別されねばならない。またもし聖職者が、金銭の提供により、またはシモニストによって叙品された場合には、同様に、カトリック司教によって叙品されなくてはならない。しかし彼ら（被叙品者）に対しては、秘蹟の繰り返しが行なわれるのではなく、まさに叙品そのものが行なわれるのである。なぜなら、妥当と思われるものが、そのまえには何も生じなかったのだから」と述べられているのである。

このなかにあるシモニスト秘蹟がシモニストによる、しかし、シモニアなしの叙品であることは、前後の文脈からして明瞭である。とすればそれはフンベルトゥスが、秘蹟再執行という教会法に禁ぜられた仕方を回避しながら、実質的に再執行を確保するためにつくりあげた前記の論法（一五二ページ）が、そのままここで用いられているということになる。

この解釈があたっているとすれば、同じ年に同種の問題に対して下されたローマ教会の決定は、表現は異なっても、秘蹟論の内容が根本的に異なるはずはなく、イリトゥスはミルプトのいうとおり秘蹟の完全無効を表明したものと推論するほうが正しいことになる。

ところがもう一つ厄介なことは、司教アマトゥスの人物である。彼は反シモニアの極端な熱心党で、その熱心党たる所以は、南フランスのトゥールーズでのエピソードにも示されている。すなわち、彼が、同地の破門を受けたシモニスト司教が祝別した聖油で、ある幼児を洗礼することを依頼されたとき――ガリアには十一世紀にも東方教会的典礼が残っており、北フランス出身のフンベルトゥス枢機卿の按手論にもそれがみえるが、この場合も、堅振礼と洗礼とに区別が設けられていないのは、やはり同じ事態を示すといえよう――シモニスト司教の祝別は呪詛《じゅそ》にひとしく、その聖油はキリスト教徒よりはろばを洗礼するにふさわしいとして、衆人環視のなかでこの聖油を地面にぶちまけたというのである。こういう人物だっただけに、アマトゥスは法王使節としても、しばしば委任権限をこえる行為があったといわれる。ジロン公会議の決議もグレゴリウス七世の見解というよりは、アマトゥス自身の責任であるかもしれない。

しかし右のエピソードを紹介し、グレゴリウスの秘蹟論とアマトゥスのそれを区別しようとしたサルテも、もしグレゴリウスによって追認してもらえる可能性がなかったとしたら、いかにアマトゥスといえども、秘蹟の原理にふれる重要問題について、あえて独断に出ることはなかったろう、と付け加えている。この点を考慮に入れるならば、イリトゥスの解釈も、グレゴリウス七世の上記のケースに関するかぎり、ミルプトが誤りでサルテが正しいとすることはできないと思われる。

グレゴリウス七世の叙品秘蹟に関するもう一つの文書は、一〇八五年、つまり老法王がハインリヒ四世のローマ攻囲を受け、わずかにノルマン人ロベール＝ギスカールの来援によって聖アンジェロ城を脱出したが、ついにサレルノにおいて憤死した、その同じ年の四月に、ドイツのザクセン地方、クヴェートリンブルクにおいて、後の法王ウルバヌス二世が法王特使として開いた公会議の決議である。この公会議はドイツの司教たちが皇帝派・法王派にわかれていかんともしがたい対立に陥っていたときに開かれ、グレゴリウスの対立法王クレメンス三世が破門された会議であった。

この公会議決議の前文には、「マインツの大司教位侵奪者《インヴァーソル》ヴェツィロ、クール司教ノルベルト、いな破門者の行なった一切の叙品・司教叙階は、法王聖イノセント一世、聖レオ一世、ペラギウスおよびその後継者聖グレゴリウス一世の教令に従い、どこまでも無効であると判定された」と述べられている。

ここにもまたイリトゥスなる言葉が用いられているが、このたびはさらにそれを強調するペニトゥス＝徹頭徹尾という副詞が付せられている。サルテはこの文書をひくにあたって、この副詞を省略しているが、この公会議の議事録と、公会議に出席した二人のドイツ人聖職者で、その後の秘蹟論争で重要な位置を占めるベルノルトとベルナルトの報告をもあわせ考えて、この場合のイリトゥスの意味を考察している。その結果は彼の持論に不利なのであるが、なお、この公会議の主催者が後年ローマ教会の秘蹟論に一転機をもたらしたウルバヌス二世であった事実に注目しつつ、イリトゥスが秘蹟執行の有効性と秘蹟効果の否定を示すという彼の持論の救済につとめている。

しかしこれはおそらくサルテに不利であろう。副詞ペニトゥスの省略もさることながら、ウルバヌス二世もその最初から、新しい秘蹟論を展開したのでなかったことは、後にみるとおりだからである。

以上が、教会外秘蹟の取り扱いに関するグレゴリウス七世文書のほぼすべてである。このほかになお「純潔教令」的秘蹟論に関するものは多いが、それは民衆的宗教運動に関して重要であっても、当面するグレゴリウス主義のドナティスト的性格については傍証としてしか役立たない。そこでこれまであげてきた比較的少数のグレゴリウス七世の文書から、その教会外秘蹟論に関する結論を下すならば、それはほぼ枢機卿フンベルトゥスの純ドナティスト的秘蹟論を公式の立場から宣言したものとしてさしつかえない。グレゴリウス改革に伴う秘蹟論の急進化は、グレゴリウス七世の治世をとおして極限に達したといってよかろう。といっても、はたしてグレゴリウス七世がどの程度、彼自身それに責任があるかは、必ずしも明確ではない。というのは、グレゴリウスのもとでも、かつてのペトルス＝ダミアニと枢機卿フンベルトゥスとの対立は、枢機卿アトーやルッカの司教アンセルムスと、枢機卿デウスデディトや法王特使アマトゥスとの対立のなかにそのままひきつがれており、実際政治ではフンベルトゥス的なデウスデディトのグループがほぼつねにイニシアティヴを握っていたとみられるからである。

しかし他方では、この間に、ルッカ司教アンセルムス（一〇八六年歿）による教会法令集編纂の事業があり、それにもとづいた前記のコンスタンツの修道僧ベルノルトの研究が、やがて元来はドナティスト的であったベルノルトをして、秘蹟と秘蹟効果の峻別というアウグスティヌスがドナティスト論破に用いた論理の再発見に導き、グレゴリウス主義の秘蹟論に一転機を与える契機を提供することになるのである。

◉秘蹟論争終結期における諸法王の態度

グレゴリウス七世の死後、わずか一年半の短期間位にあったヴィクトル三世をついだのが、十字軍の創始者として知られるウルバヌス二世（在一〇八八―一〇九九年）である。この法王の時代に法王・皇帝間の司教叙任権闘争のやま場もこえられるが、グレゴリウス改革そのものの性格も変化をみせはじめる。一言にしていえば、グレゴリウス七世の「法王教書《ディクタトゥス・パパエ》」にみられるような、法王の神聖政治への要求はより現実的なものに変わってくる。それと同時に秘蹟論争の性格も変化の萌しをみせはじめるのである。このような変化はウルバヌスの実際政治家的素質とともに、彼がクリュニー修道院の出身だったこととも関係するといわれる。

ウルバヌスは北フランスはシャンパーニュの生まれ（一〇四二年）で、ランスに学び、その大司教座助祭となったのち、クリュニー修道院に入り、ここで副修道院長となった（一〇七〇年）。ついで一〇七八年、グレゴリウス七世に招かれてオスティアの枢機卿兼司教となった。彼は法王に選ばれるにあたり、グレゴリウス七世の政治を全面的に継続することを誓ったが、彼は決して単なるグレゴリウス主義者ではなかった。当面する秘蹟論についていえば、彼がすごしたクリュニーは、秘蹟論に関して明確なアウグスティヌス主義をもっており、有名な二代目の院長オドーは、「聖徒による洗礼は、罪人のそれより効果があるとはいえない。なぜなら、真に洗礼するのはキリストだけなのだから」と述べている。この秘蹟論は、クリュニーがグレゴリウス主義とは最後まで相容れない教会政治の理念を有していただけに、ウルバヌスの時代まで変わるところがなかったと思われる。

しかしウルバヌスもその法王就任の最初から新しい秘蹟論を用いたのではない。グレゴリウス七世の時代、フンベルトゥスにかわる急進的秘蹟論者として、法王庁のイデオロギーを代表した枢機卿デウスデディトは、ウルバヌスの時代になお健在であり、同時に、ウルバヌスの法王座は、そのはじめ、皇帝ハインリヒ四世と皇帝の支持する対立法王クレメンス三世の優勢のため、すこぶる不安定であった。さらに重要なことはミラノ大司教座をめぐる皇帝との戦いがつづき、法王権はなおもパタリアの支援に全力をつくしていたのである。したがってウルバヌスが、一〇八八年の一書翰において、シモニストによりシモニアなしに叙品された一助祭を再叙品したことについて、次の自己弁護を試みていても、あながち不思議ではないのである。彼はいう、「再叙品であったとは考えられない。それは端的に助祭職の賦与である。なぜなら、何一つもっていなかったものは、何一つ与えることもできなかったから」と。これは、彼が法王特使として主催した前述（一六八ページ）のクヴェートリンブルクの公会議決定における論理とまったく同一であり、フンベルトゥスやデウスデディトの理論といえる。

しかし一〇九三年、皇帝・法王間の闘争に決定的転機を与えた、皇帝ハインリヒの子息コンラートの裏切りがおこり、この年以後、ウルバヌスの地位は急速に改善される。彼は対立法王を追ってローマ市を恢復し、ミラノ大司教座を確保することによって全ロンバルディアを手中におさめた。そしていまここに、秘蹟論争に一転機を画する一〇九五年のピアツェンツァ公会議が開かれるのである。

全十五条からなるこの会議の決議は、それ自体としては短いものであるが、その内容の複雑さと、関係する重要史料の豊富さとで、それだけでも一大論文を必要とするものである。しかしその主要論点は比較的簡単に要約しうる。第二条から第四条までは叙品秘蹟の原則を述べたもので、シモニアの禁止と、シモニストによるシモニアなしの、しかも被叙品者が叙品者の不正事実を知らぬかぎりにおける叙品の有効性、ただしその有効性は法規によるものではなく憐愍による、とされる。これはニコラウス二世の「反シモニスト教令」（一〇六〇年）の原則を生かしたものであり、同時に、ニコラウス二世が、その特免措置を法規に代えることを禁じたことに対応して、ウルバヌス二世のほうは、そのピアツェンツァ決議の第十二条に、この決定が「憐愍の情と現下の急迫した事情による特免措置《ディスペンサティオ》」であって、「いささかも教会法規を傷つけるものではなく」事情がやめばふたたび取り消されるべきものであるとうたっている。

問題となるのは、この決議のどこにも叙品秘蹟の再執行が規定されていないことで、これはこの決議中に頻出する「無効《イリトゥス》」なる、さきにグレゴリウス七世の教令に関してみた言葉（一六四ページ）の解釈との連関で重要である。もしシモニストによるシモニアなしの、しかも被叙品者が叙品者の不正を知らぬ場合の叙品さえ、法的に無効とされ（第三条）、それを知っている場合の叙品が「まったく《オムニノ》イリトゥス」である（第四条）とされるならば、このイリトゥスにサルテ的解釈（一六五ページ）を認めることは、はなはだしく困難であろう。

しかしこの決議中一番明瞭で、また最も重要なのは、聖職売買者《シモニスト》と離教者《シスマティクス》の分離である。すなわち第十条には、「一旦カトリック的に叙品されながらも、離教によってローマ教会から分離していた司教によって叙品されたものは、彼らが教会の統一に復帰した場合、その生活と知識とに難がないかぎり、当然しかるべき手続きをふんでではあるが、憐愍をもって受け入れらるべきである」としている。ここでいわれる離教者の司教というのは、諸家の一致した意見によって、皇帝派の司教とみなされるものである。この司教によって叙品された聖職者を、一定の条件によって、ローマ教会に吸収しうるとしたことは、司教そのものをふくめて、いわば反対派に投降のチャンスを与えたものであり、いまや皇帝派に対し絶対優勢の地位に立ち、さらに十字軍の唱導をも行なおうとしたウルバヌスにとって、最も賢明な措置といえるものであった。

しかし第十条の意味するところはそれだけではない。それは同時に、枢機卿フンベルトゥスによって唱えられて以来、ローマ教会の秘蹟論に採り入れられ、法王・皇帝間の司教叙任権闘争の中心的争点となっていた俗人叙任即シモニアという、シモニアの解釈に一つの弾力ある解釈をもちこむことになるものである。これはウルバヌスのクリュニー的立場においてはじめて可能なところであるが、俗人叙任そのものは否定するが、一定の条件、たとえばその後のウォルムス協約で結実した皇帝・国王による、司牧権の象徴としての指環と司教杖とをもってする叙任を排除すれば、国王の司教候補者選定を合法化するものである。

ともかくも、第十条が皇帝の叙任にかかる司教等をシモニストの範疇からはずしていることは、種々の留保は必要であるとしても、グレゴリウス主義の転換を告げる萌しといってよい。

さて一〇九九年のウルバヌス二世の死とともに、レオ九世にはじまったグレゴリウス改革の偉大な時代は去った。グレゴリウス改革は一一二二年のヴォルムス協約の締結にいたるまで、なお約二十年間の収束期をもっている。この間、法王権は、コンラートについでまたもや父帝ハインリヒ四世を裏切って王位についたハインリヒ五世とのあいだに、泥沼のような戦いをつづける。この戦いが単に法王と皇帝という上層権力間の争いにとどまらず、この間に確固たる基礎をかためるにいたる地方封建権力の掌握をめぐる皇帝派と法王派諸侯勢力のどんなに烈しい争いであったかを知ることは、政治史の新しいテーマとしてまことに興味あるものである。そしてその最後にくるヴォルムス協約が、皇帝の指環と司教杖（宗教的司牧権のシンボル）とによる聖職者叙任権を否認し、かくてローマ皇帝コンスタンティヌス以来連綿としてつづいた皇帝の神権的性格を奪うにいたったことは、グレゴリウス改革の最も意味深い結果として評価しうるであろう。

しかしそれもいずれは半世紀にわたる激烈な改革の後始末にすぎない。改革諸法王がその高い理想に渾身のエネルギーを傾けつくして戦った英雄時代は、ウルバヌス二世の死とともに終わった。法王権に再度偉大な時期が訪れるのは、強大なホーエンシュタウフェンの諸皇帝が登場する十二世紀後半、否、十三世紀を待たねばならない。

この間、ウルバヌス二世によって一転機を示した秘蹟論争はどうなっていったのか。すでにウルバヌス二世の時代、秘蹟論は原理の問題から際限のない実際問題の検討に入る傾向を示している。十二世紀の諸法王の決定をみるかぎりにおいては、事柄は比較的単純であり、イノセント二世の第二回ラテラノ公会議における決定を最後として、主観主義的秘蹟論は姿を消している、といって大きく誤ることはないであろう。しかし、この時代はグレゴリウス七世時代に発見されたといわれる、『ユスティニアヌス法典』中の最重要部分、学説論纂《ディゲスタ》の研究により、イタリアのボローニャを中心にローマ法研究の復活がおこった時代であった。この法学的知識と論理学の協働によって、秘蹟論争はきわめて学問的な、しかしそれだけ人間的関心を稀薄にした細微な論争に入ってゆき、その一々の展開はもはや必ずしも法王権の決定とは関係をもたない。

その間にあって、ボローニャ法学の方法を用いて教会法に整理を加え、最初の体系的な教会法典を編んだグラティアヌスの業績を検討することは、学問的に最も興味のあるところである。通称『グラティアヌス法令集』と呼ばれるこの厖大な教会法典は、もともと「不調和な法令の調和」と名づけられ、キリスト教会発生以来の、相互に矛盾する教義・学説・法令の食い違いを新しい法学的知識を援用して解決しようとしたものであった。それは十二世紀ルネサンスの一大記念碑といってもよい。

秘蹟論争もまた当然このボローニャの修道士を悩ました重要問題の一つであった。おびただしい関係法規をめぐるその注釈は、ここで取り扱うにはあまりにも専門的にすぎる問題であるが、ウルバヌス二世の見解に注せられた最後の言葉は、問題の錯雑に困りぬいたグラティアヌスの嘆きを示すものとして印象的である。彼は言っている、「それゆえ、このような聖職者（シモニストや離教者やその他瀆聖聖職者）の手から秘蹟を受領することは禁ぜられている。しかしその理由は、実際のところ、（秘蹟の）形や効果のゆえというよりは、かかる聖職者が人々により軽蔑すべきものとせられ、羞恥の赤面がより容易に彼らを悔悟にみちびくがゆえである」と。グラティアヌスにはなお一般的にいって倫理命題と法的命題の峻別が十分ではない。この結論は法命題の倫理命題への転嫁であり、法学者としての判断中止というべきであろう。

十三世紀の偉大なスコラ学者たちは、あまりにも煩瑣な十二世紀の論義を捨て、大胆にアウグスティヌスの原理にかえることによって、エックス‐オペレ‐オペラート＝事効主義の秘蹟論を樹立した。そこに教会外秘蹟に関しては、イリキタ‐セッド‐ヴァリダ＝不法ではあるが有効の原則が確立された。

法王座におけるこの原則の樹立者は、イノセント三世であり、彼はいくつかの書翰においてあるべき秘蹟論を展開しているほか、『祭壇秘蹟論』なる一論考において、「キリストの肉体の秘蹟（聖体）においては、善良な司祭によってより良く、悪徳の司祭によってより悪く執行されることはない。……なぜなら、聖職者の功徳によってではなく、創造者の言葉において秘蹟は成就するからである。それゆえ、無能な医者が医薬の効力を駄目にしてしまうことがないように、不適格な聖職者が秘蹟の効果を妨げることはないのである。したがって、業を為すものはときに不純であっても、為されたる業はつねに純潔である」と述べ、事効論的秘蹟論の原理をこのうえなく簡潔に表現している。

イノセント三世の態度は、ホノリウス三世にうけつがれ、さらに法学者として、また『グレゴリウス法令集』の編者として忘れることのできぬグレゴリウス九世の一裁定のなかに最終的な結論が見いだされる。「姦淫の罪をおかした聖職者についての問い。かかる聖職者の聖務は、その悔悛以前においても受くべきか否か。もし何びとかが、致命的な罪をおかしたゆえに、彼自身聖務を停止さるべきだとわかった場合でも、（それゆえに）聖務を回避してはならない。なぜなら、他人に対するかぎり、上記のケースにあっても、聖務は停止されえないからである。ただし、このような罪が言いのがれようもない事実という判決で周知のものとなっていないかぎり」

残念ながらこの裁定はいわゆる瀆聖聖職者に関するものであり、同時にまたわれわれが主に問題としてきた叙品論に関係するものでもない。しかしここに示された原理的明晰さは、秘蹟論一般について推論することをゆるすものであろう。

だがここにグレゴリウス九世の文書をひいたのは、むしろ秘蹟論争の叙述に一つの形をつけるためである。論争自体はイノセント三世の意見で事実上終わっていた。というのは、十二世紀後半は、やがてくわしく述べるように、カタリ派・ワルド派等の宗教運動が、一様にグレゴリウス主義同様の主観主義的秘蹟論を展開していたので、法王権が従来と同じ主張を繰り返すことは、宗教運動に屈服するか、その教会攻撃に油をそそぐだけだったからである。

以上わたくしは、グレゴリウス改革を中心にして、ほぼ全中世にわたるカトリック教会の秘蹟論——とくに洗礼と叙品を中心にして——の発展をみてきた。それはおそらくわが国の読者にとってまことになじみの薄い論義であったと思う。しかし実は専門家のあいだにあっても、化体説（聖体秘蹟におけるパンと葡萄酒の聖変化論義）をのぞいては、かって論義の対象となったことのなかったもので、そのため、簡単に結論だけをあげて詳細について他に参照を乞う便宜がなかったからである。

しかし以上考究してきた秘蹟原理論は、グレゴリウス改革の理論を知るうえで欠くことのできぬものであると同時に、それなしには、グレゴリウス改革が十二、三世紀の熾烈な宗教運動や異端運動に対して与えた影響もまたつまびらかにすることはできない。それはまたいままでも折にふれて述べてきたところであるが、要するに、中世カトリック教会のリヴァイヴァルであったはずのグレゴリウス改革が、その秘蹟論においていわば異端的立場をとったために、イノセント三世にいたってようやく一応の解決をみた重い負い目をローマ教会に課する結果となったのである。

そこで次の課題となるのは、このグレゴリウス改革が、どんな社会的・宗教的影響を惹起したかということである。それを考えるにあたっては、秘蹟原理論を語るにあたって中心となった叙品論ばかりでなく、一切の秘蹟執行に関する倫理的規定、聖職者の純潔に関する教令もまた、否、そのほうが重要視されてくる。グレゴリウス改革の影響でまず問題となるのは、その民衆アジテーションだったからである。

III

問題への回帰

聖フランシスに修道会会則を認可する法王イノセント三世
ジョットー作（既出参照）。ジョットーの壁画では一二一〇年のこととなっているが、事実は本文中にあるように一二一五年のことでなければならない。

第六章　グレゴリウス改革と十二世紀の宗教運動

汝ら、全世界にゆきて、すべての被造物に福音を宣べよ。

マルコ伝十六章十五節

◉宗教運動とは何か

グレゴリウス改革がほぼ峠をこす十一世紀の末年から十二世紀の前半にかけて、ヨーロッパの各地には、これまでにはみられなかった異常な宗教的興奮状態があらわれる。その原動力となったのは、みずから「キリストの貧者」＝パウペレス-クリスティと称し、「裸身のキリスト」あるいは「裸の十字架」には「みずからもまた裸身で従わねばならない」とする、「自発的貧困」＝清貧をモットーとし、何事にもあれ使徒の生き方にまねび（「使徒的生活《ヴィタ・アポストリカ》」の強調）、なかんずく、「汝ら、全世界にゆきて、すべての被造物に福音を宣べよ」というマルコ伝十六章十五節にみえる主の言葉の実践につとめようとする人々であった。この人々のなかには、修道士もおれば世俗僧（教区聖職者）もおり、俗人もいれば女性もいるというふうに種々様々であったが、しかしそのすべてに共通なのは、彼らが従来の教会や修道院の組織と制度とをこえ、巡歴あるいは放浪の説教師として熱烈な語調で清貧を説き、既存の教会・修道院の富と俗化とを攻撃し、またその多くのものがグレゴリウス改革の主張である「瀆聖聖職者の秘蹟執行の否認」を彼ら自身の主張としたことであった。彼らの行くところ都市といわず農村といわず、いたるところ多数の信奉者があらわれた。

この使徒的清貧主義の説教者とその信奉者から、一方では、プレモントレ、フォントヴローの新しい大修道会が、他方では多数の異端が生まれた。クサンテンのノルベール（一〇八〇—一一三四年）＝プルモントレ修道会設立者、ティロンのベルナール（一〇四六ごろ—一一一七年）、アルブリッセルのロベール（一〇六〇ごろ—一一一五年）＝フォントヴロー修道会設立者、センプリンガムのギルバート（一一三五年歿）＝イギリスのギルバート女子修道会設立者等は前者に属し、ブルュイのピエール（一一四〇年ごろ歿）、ブレッシアのアルノルド（一一五五年歿）、修道士アンリ——またはローザンヌのアンリ——（一一四五年ごろ歿）、アントワープのタンケルム（一一二四年歿）、ブルターニュのエオン＝ド＝

エトアール、ペリゴールのポンチウス等々は後者に属する。クリュニー以後にあらわれた最大の修道会、モレームのロベールによって設立されたシトー修道会（一〇九八年設立、会則認可は一一一九年）を、「使徒的生活」の運動のなかに概括することは問題であるが、十二世紀前半におけるその急速な発展はこの運動と切り離して考えることはできない。

以上はきわめて著名な人物のみをあげたのであるが、これらに類した新しい使徒的説教活動を行なったものにいたってはとうてい数えきれないし、他方ではドイツ（修道院の名）のルーペルト（一〇七〇―一一二九年）、ビンゲンのヒルデガルト（一〇九八―一一七九年）、クレルヴォーのベルナールなど正規の修道士でありながら修道士としては異例の説教活動に身をささげた人々もいたのである。

この異常なまでの宗教的意識の高まりは、一体どのように説明されるものだろう。グレゴリウス改革の影響、というのが本書の前篇以来予定されている答えなのだが、なぜそうであるのかを明らかにするには、この現象の背景をもっと広く知る必要がある。

そこでまず気のつくことは、この現象が、十字軍の第一回（一〇九六―一〇九九年）と第二回（一一四七―一一四九年）のあいだにおこっているということである。十字軍の勧《かん》説《ぜい》には教会の全組織が動員されたばかりでなく、勧説使《エクシタトリア》と呼ぶ一種のアジテーターが広く用いられた。それによって社会はいわば集団的ヒステリー状態におちいり、本来の騎士的な十字軍ばかりではなく、まったく民衆的な遠征隊までが、勧説使たちのあるものに率いられて遠く聖地に向かった。これは十字軍が、十一、二世紀の交《こう》に高まった宗教運動と、単なる併行現象以上のものであることを予想させる。

しかしそのまえに訓練も計画もないこの烏合の遠征隊の背後にどんな社会経済的事情があったのか。そのあまりの無謀さにおどろくものは、より合理的な説明を求めて、人口過剰、耕地の相対的減少、家族的結合の弛緩、天災・疫病などを想定しようとつとめるであろう。

それらは一般的な事情としては当然考慮に値するが、しかしそれだけでは民衆十字軍の示したすさまじいファナティシズムを十分に説明するものではない。たとえば、彼らが出発にあたってユダヤ人地区をおそい、この無防禦の人々に殺戮をほしいままにした事実はどうであろう。襲撃は遠征のルートにあたるライン、ドナウの流域都市では、都市司教の阻止にもかかわらず、「洗礼か剣か」の合言葉をもって、民衆十字軍のたびごとに繰り返され、彼らのあいだでは、少なくとも一人のユダヤ人を殺さないものは、十字軍士としての資格なしとされた。

読者はあるいは、これが高利貸としてのユダヤ人に対する憎しみのあらわれかと考えられるかもしれない。が、事実はまったくこれに反している。それは端的にキリストを渡したユダヤ人に対する憎しみなのであって、ユダヤ人が高利貸を業とするようになったのは、このような反ユダヤ人運動が、十字軍のたびごとに繰り返された結果、最初は行商を主としたユダヤ人が、比較的安全に営める最後の生業として高利貸を営むにいたったものであった。

民衆十字軍のあきれかえるほどの無謀さとファナティックな精神は、むしろ封鎖的な社会に注入される一方的なアジテーションが、どんなすさまじい効果をひきおこすかということの、一つの典型的事例である。そしてそのことはまた、使徒的生活の実践者である巡歴・放浪の説教師の説教効果の一部をも説明するものである。しかしこの説教師は決して十字軍の勧説を機会にはじめてあらわれたものではなかった。たとえば第一回十字軍に先駆けた民衆十字軍の指導者、隠者ピエールは、すでに彼が勧説使に任ぜられる以前に、教会特許の説教師だったのである。他の勧説使のなかにも同様な例は決して少なくはないであろう。

こう考えると、十字軍は十一、二世紀の交における宗教運動により深く広い社会的地盤を与えたとはいえるにしても、宗教運動そのものの開始を説明するものではない。

他方では、十二世紀の宗教運動は、グレゴリウス改革が開始される十一世紀の半ばまで、かなり頻繁に報告されている異端とは、なんら関係がない。もっとも、ほぼ一一〇年ごろから数年間、ユトレヒトやアントワープの司教都市を中心に、フランドルからオランダにかけて、大きい勢力をつくった前記のタンケルムや、ブルターニュからガスコーニュにかけて農民のあいだに多くの信奉者を得たエオン＝ド＝エトアール（活動期は一一四五ごろ—一一四八年）は、この場合例外としなければならない。彼らはともに異端というより邪宗の徒であって、ともに「神の子」であると称し、タンケルムの場合などにあっては、みずからキリストと同程度に聖霊を有し、同程度に神であるとし、その浴水を聖物として信徒にわかち、「処女マリア」との婚姻を行なったりした。

しかしおどろくのは、このタンケルムやエオンさえ、その登場にさいしては教会の腐敗を攻撃する聖徒の立場をとったことである。そんなわけで、この二人を例外としても、十二世紀前半にいたる宗教運動の担い手は、異端とされたものをもふくめて、深い内面性をそなえた真摯な「使徒的生活」の実践者だったといえるのである。

いま十二世紀前半の宗教運動の、最悪の、ないしは例外的な事例としてあげたタンケルムとエオンの両人が、前者は都市的環境で、後者は農村的環境で人気をあつめたことは、宗教運動そのものの性質についてある示唆を与えるものである。タンケルムの活動したフランドル－オランダ地方は、九、十世紀の外民族（ノルマン、マジャール、サラセン）侵入の時代ののち、北西欧で最初に都市と商業が盛んとなった地帯で、これは東方ではライン流域にまでのびるが、西南方のセーヌ地方（パリをふくむ）はむしろ、都市化という点で一世紀近くもおくれているのである。このフランドル－オランダ地帯は干拓と堤防構築による開墾、牧羊と羊毛工業とで十一世紀以来急速に人口の増加がみられたところである。このような事情は、伝統的生活環境の変化と人口の密集という点で、とりわけ古い観念の動揺と新しい理念の受け入れに容易であり、それだけアジテーションのよい温床となる。

フランドル地帯では、すでに一〇二五年に異端があらわれているが、当面の問題により重大な関係をもつのは、一〇七七年、司教都市カンブレー（政治的にはドイツ、下ロートリンゲンに属する）におこったラミールドゥスの異端事件である。ラミールドゥスはこの年カンブレー司教によって火刑に処せられたが、彼は司教法廷での教義に関する一切の質問に正しく答えながらも、「シモニアおよびその他の貪欲の罪ありとせられる」司教や司祭の手から聖餐を受けるのを拒んだという理由で処刑されたのであった。この報告に接して怒った法王グレゴリウス七世は、「シモニア反対者を異端として火刑に処した」かどにより、パリ司教に命じて、カンブレー司教区に聖務停止令を下させている。グレゴリウス七世のこの処置は、秘蹟論上、彼の主観主義的態度を示すものとして引用されるものだが、同時にまた早くから教会改革的気風が浸透していたこの地方が、ニコラウス二世以来繰り返された、聖職者の「純潔教令」に敏感な反応を示したものとも理解される。これは十二世紀の宗教運動とグレゴリウス改革のつながりを理解するための一材料として銘記する必要のある事件であるが、ここではさらに、この異端事件が、カンブレー市におこったコミューン運動、つまり市民の、都市領主である司教からの独立運動の一環であったことに注意したい。

コミューン運動は、都市政策の推進者であったフランドル伯保護下のガン、ブルージュ、アラス、イープル、サントメール等では伯による市参事会員選出の自由の賦与という形で平和裡に進められたが、カンブレーから北フランスのピカルディにかけては、サンカンタン、アミアン、ラン、ボーヴェーの例にみられるように、十二世紀の前半、領主司教に対する革命的闘争を通じて行なわれたものであり、コミューン運動は当該の司教らによってつねに異端の運動とみなされた。この時代のコミューン運動が純然たる政治闘争であることはもとよりありえなかったところで、それがグレゴリウス改革的な瀆聖聖職者の排撃の色彩を多少ともおびていたかぎりでは、それは一種の異端的性格をとる可能性はつねにあったのである。

しかしここで歴史的に注目されるのは、グレゴリウス改革の過程で行なわれたミラノ大司教座におけるパタリア闘争との理念的関連であろう。ロンバルディア都市の支配をめぐる皇帝との争いという政治的理由と、ミラノ大司教座の独立性の打破という教会政治上の理由とを背景にして行なわれた、ステファヌス九世をはじめとする十一世紀後半の諸法王のパタリア闘争支援は、ミラノのコミューン運動のむしろ前史をなすものであるが、半世紀に近い長期にわたるこの教会改革的事件が、繰り返し行なわれた法王の民衆アジテーションをとおして、ヨーロッパの他の諸都市に影響しなかったと考えるのはあまりに想像力を欠くということになろう。

エオン＝ド＝エトアールは、タンケルムとちがい、森林・荒野を出発点とする宗教運動の型に属する。シトー修道会の創始者、ロベール＝ド＝モレームが、十一世紀の末（一〇九八年）、人煙稀なソーヌ川上流の山地に、言語を絶した辛苦のすえ、その最初の修道院をたてたように、この時代の宗教運動を担った説教師の多くは、森林・荒地（エレムス）に苦行を求めた隠修士《エレミート》の出身であった。西フランスのブルターニュからメーヌにかけての地方は、この意味で隠修士の最良の地帯であった。千古斧鉞《ふえつ》を知らない原始林は、容易に開墾者をよせつけず、十一世紀にはじまるヨーロッパの大開墾期においても、そのはじめは、少数の農民が林内空地を中心にまったく孤立分散的な農耕を行なうにすぎなかった。アベラールが「地の果て」とよんだこの地方には、しかし、十一世紀末から多数の隠修士が入り、開墾農民に精神の糧と同時にすすんだ農業技術を与えた。そのため彼らは農民のあいだに多く信奉者を得たが、封建社会の形成期にあたり、開墾に多大の利害を感じていた封建領主層にも大いに歓迎されたのである。フォントヴローの修道会創始者となったロベール＝ダルブリッセルが多数の貴族の子女をその修道会のなかに擁しえたのも、このような客観的理由によるものであった。

このような事情は都市的な宗教運動がミラノのパタリアと関係づけられるように、隠修士的説教師のヒルサウ修道院との関連をおもわせるものである。もちろん両者のあいだには直接にはなんら関係がない。しかし、それが開墾をとおして成立期の封建権力と結びついているかぎりにおいて、十一、二世紀の宗教運動が、まさしくこの時代の産物であったことを示している。こういった点は、東ドイツの教会史家ヴェルナーが明らかにしたところであるが、グレゴリウス改革から十一、二世紀の宗教運動にいたる教会の発展の社会経済的基礎を教えるものとして注目すべきところである。

しかし十一、二世紀の宗教運動の本質は、まさにその新しい実践形態にあるのである。どうして自発的な清貧と使徒的生活の実践が、この時代とくに強調されることになったのであろうか。

◉使徒的生活と巡歴説教

十一、二世紀の交《こう》にはじまる新しい宗教運動の高揚をまえにしてだれしもが感ずる疑問の一つは、皇帝ハインリヒ三世の教会改革に理念を提供したクリュニー修道院はこのとき一体どうなっていたのかということであろう。これは一つにはグレゴリウス改革とクリュニー修道院の関係を直線的にとらえるところから生まれる疑問であろう。グレゴリウス改革がはじまったとき、クリュニーは創設以来すでに一世紀半をへていた。しかしもちろん、クリュニー修道院は十一、二世紀の交、院長ユーグのもとに栄えており、全ヨーロッパにくまなく行きわたったその支修院の数は六百をこえ、一万人にのぼる修道僧がユーグの傘下にあったといわれる。しかしそれはすでにむしろ外面的繁栄であり、修道院の俗権からの自由と、聖ベネディクト戒律の厳格な実践とでヨーロッパ精神界を指導したクリュニーの真の時代は、グレゴリウス七世の時代にすでにすぎていた。カンタベリーの大司教としてイギリスの教会改革に一時期を画したランフランクやアンセルムスは、その修業にあたって、クリュニーをさけて、ノルマンディのベックを選んでいる。またシトー修道会がクリュニーにかわるヨーロッパ修道生活の中心となるはるか以前に、より厳格な修道生活はシャルトルーズ、ティロン、サヴィニー等の新しい修道会（いずれも十一世紀後半の設立）にうつっていたのであった。

　繁栄が奢侈を生み、奢侈が規律の弛緩を生むことは見やすい道理だが、同じくベネディクト戒律の励行を求めたシトーをはじめとする新しい修道会は、クリュニーに対して主張しうるどんな新しい修道形態をもっていたのか。この点については、シトー修道会の画期的拡大者であり、オランダの歴史家ホイジンガが「十二世紀の精神的タイラント」と呼ぶクレルヴォーの聖ベルナールと、クリュニー第八代の院主で、十二世紀ルネサンスの立役者の一人である尊者ピエール（一〇九二ごろ―一一五六年）との論争がある手がかりを与えてくれる。この論争にシトー修道会戒律「愛の章典《カルタ・カリターティス》」（一一一九年認可）を加えて考えるなら、両者の差異は手に取るように明らかである。

クリュニーの清貧は修道士の清貧ではあったが、修道院のそれではなかった。それゆえにクリュニーの繁栄は王侯のような富をもたらし、その聖堂とそのなかに営まれる生活は華麗をきわめるものとなったが、シトーでは教会の装飾としては十字架以外になく、ファサードもアプシスも取り除かれた簡素無比のシトー式の建築を生みだした。クリュニーでは日常の儀式典礼の壮厳化に多大の努力が払われ（クリュニーは中世多声音楽の発展者）、一日の生活中、瞑想や作務にさかれる時間がまったく犠牲にされてしまったが、シトーではこの点こそ修道生活の重点がおかれたところで、不必要な会話をはぶくため手の会話さえ発明されたほどであった。中世イギリスの牧羊業の画期的発展が、シトー修道会の導入とともにはじまることもここで想起しておかなくてはならない。

要するにクリュニーはグレゴリウス改革までに、その真の使命を果たしおえたといってよく、シトーないしこれと同じく新しい清貧と、労働と瞑想の調和を重んじた修道会が次代の修道生活を担うことになったのであった。

因みに尊者ピエールと聖ベルナールの論争は、ピエールの完全な屈服に終わり、彼はその院主時代の最後（一一四七年）に、七十六箇条からなる改革案を起草しなければならなかった。アラビア学問の最初の体系的な西欧への輸入者であり、世を追われたアベラールに最後の理解と保護とを与えたクリュニーのヒューマニスト尊者ピエールの聖ベルナールへの屈服は、宗教改革期のエラスムスとルターの関係をも想わせるものがあるというべきであろう。

ところで、新しい宗教運動の指導理念である「使徒的生活《ヴィタ・アポストリカ》」とはどういうものであり、またそれはどうして説教活動と結びつくものであろうか。この言葉は十二世紀に突然あらわれたものではなく、十一世紀以来、異端やまたは教会改革に付随して用いられたものであるとともに、他方では、十二世紀後半から十三世紀前半にいたる異端においても最も重要な指導理念として標榜されたものであった。

新しい宗教運動発生以前における「使徒的生活」とは、使徒行伝二章四十四節から四十五節あるいは四章三十二節にみえる、使徒時代のキリスト信徒らの私財を放棄し一切を共用した共同生活《ヴィタ・コムーニス》ないし、この原則による修道士や律修聖職者（主としてアウグスティヌス戒律により共同生活を行なう司教聖堂聖職者団）の共同生活をさしたものであった。ところが「裸身のキリストには裸身で従わなくてはならない」とする新しい宗教運動の原則は、マルコ伝十六章十五節の「汝ら、全世界にゆきて、すべての被造物に福音を宣べよ」と結びつくことによって、清貧の共同生活とはまったく別個の内容を得ることとなった。

この点で意味深く思われるのは、フランス人エティエンヌ＝ド＝ミュレにより、十一世紀後半（年代不詳）、ノルマンディに建てられたグランモン修道院の会則である。それによれば、バジレウス、アウグスティヌス、ベネディクトゥスのような、これまでの修道会則の樹立者たちは「宗教生活の祖先ではなく、（祖先からでた）子供たちであり、根本ではなく枝葉である」、「根源は救世主とその使徒によって全世界に宣べつたえられた福音のみである」とされている。これは、グレゴリウス改革の強烈な瀆聖聖職者の排撃が、人々に既存の教会とその伝承に批判の目を向けさせ、キリスト教の根源にたちかえらせるにいたったことの一つのあらわれとみるべきであろう。

このような教会伝承をも越えようとする態度は、秘蹟論における強烈な道徳的リゴリズムと同じく、教会制度に対する革新的な観念にもつながるもので、もし人が完全な使徒的清貧に生きるならば、男女聖俗の別なく、主の命に従い福音の宣布を行なうべきだ、という強い使命感を生みだすことになるのである。したがって「使徒的生活《ヴィタ・アポストリカ》」と説教活動とは別々の事柄ではなく、相互に必然的な関連をもつのである。ここに新しい宗教運動の革命的な新しさがあったといわなくてはならない。

グレゴリウス七世は、そのパタリア運動の支援にさいして、「キリストの騎士」と呼ばれた指導者エルレンバルドを、その願いにもかかわらず、修道士としてではなくて、最後まで俗人のままで、ミラノ大司教座浄化の課題にあたらせた。これはパタリア運動に対するローマ教会の後援一般とともに、信仰に生きる俗人の教会政治における役割の鼓舞ではなかったであろうか。

同じくグレゴリウス改革にさいして、南ドイツにグレゴリウス主義の先鋒となったヒルサウ修道院も、パタリアと相似た役割を担った。すなわちここでは、さきに述べた修道士の説教活動が最も熱心に行なわれたが、その感化をうけた農民の助修士が、修道院の霊的生活に奉仕するとともにそれにあずかるべく、修道院領の開墾に組織的に用いられたが、それ以外の人々も貴賤の別なく、修道士のそれに準じた戒律に従い、一種の在俗の修道生活につとめた。そのなかに女性が数多く参加したことも、十二世紀の宗教運動の先駆として注目されるところである。

しかしパタリアもヒルサウ運動も十一世紀を越えて、その最初のエネルギーを持続するものではなかったし、またそれらには、使徒的生活の理念は、その言葉同様、知られていなかったのである。

さて使徒的生活の実践が、使徒と同じく福音の宣布を義務づけるという観念は、単なる倫理命題としてなら格別、一個の実践的命題ともなれば、いたるところで既存の教会的理念や制度と抵触する。カトリック教会の建前からいえば、教会の聖務は、究極的には使徒ペテロに対する主の依託にもとづくもので、ペテロの後継者であるローマ教会の首長の許可によらないどんな聖務執行も、権限の簒奪にほかならない。またそのゆえにこそ聖職者は叙品の秘蹟を受け、特別の恩寵を施されてその聖務に就くのである。説教はこの聖務の重要な機能に属する以上、聖職者以外の何びとも、他にどんな理由があったにせよ、自由に、つまり各人の所属する教会の責任者、司教の許可なしに、行なうことは許されない。

それは俗人が行ないえないだけではなく、教区聖職者でない点では聖職者ではないところの、修道士にも禁ぜられているのである。それゆえ、修道士は説教をふくめての俗人相手の教会聖務を行なう場合は、その許可を管区司教から受領しなければならないのである。修道士にとってはまた、居住不転《スタビリタス・ローキ》の戒律があって、修道院外の活動は禁ぜられている。彼らはみずからの共同作務によって食糧を得て修道生活にはげむべく、修道院を外にして説教活動に献身し、信者の施与によって生きることは、原則からの逸脱だったのである。それゆえ、新しい宗教運動の担い手だった人々は、アルブリッセルのロベールも、ティロンのベルナールも、クサンテンのノルベールも、あるいは隠者ピエール、異端となったローザンヌの修道士アンリをもふくめて、みな法王ないし管区司教の特許を得て、その説教活動を行なっているのである。

しかしこの職制的観念は、「汝ら、全世界にゆきて、すべての被造物に福音を宣べよ」という主の言葉に内面的確信をつかんだ新しい「使徒」たちを容易に納得させるものではなく、聖俗男女の別ない説教の自由が当然のこととして要求されたのであった。

使徒的生活の実践にもとづく福音の自由説教は、高められた宗教意識のきわめて自然な発露であり、指導の如何では教会の維持と発展とにも役立ちうるものである。それはさらに頻出する異端に対する防壁の役割をもちうるものでもあるし、事実その自覚をもって自由説教を主張するものもあったことは後に述べるごとくである。しかし説教の自由は、教義の解釈に混乱をきたし、その結果異端を助長する可能性も、同程度に存在した。それはいわば教会に与えられた両刃の剣であった。

その結果、自由な福音の説教という中世における言論の自由の問題は、きわめて職制論的な解決に与えられた。つまり、説教は原則として職務上の権限をもつものにかぎられ、その他にあっては管区司教の許可により、教義上の事項を除いた信仰生活の倫理問題に限定されるのである。そして新しい宗教運動の担い手たちは、新しい修道会の設立を終えたあとでは、シトー修道会にあってもプレモントレ修道会にあっても、その院長や特別有資格者を除いて、説教活動は堅く禁ぜられ、「使徒的生活」はふたたび修道院の壁のなかにおしこめられてしまった。しかしまさにそれゆえに、グルントマンがいみじくも指摘したように、新しい宗教運動の正統的担い手が「戦場を異端の説教者に委ねる」結果を生じたのであった。

それればかりではなかった。修道院にとじこめられた「使徒的生活」は、どの修道会の場合にあっても、半世紀とその理想を保持しえたものはなかった。修道会そのものの清貧は最も早く棄て去られ、シトー派はたちまちクリュニーのあとを追うこととなり、一一七〇年、法王アレクサンダー三世は、シトー修道会が初期の理想を忘却したことについて厳しく叱責しなければならなかった。これはシトー修道会がひたかくしにかくしてきたため、ようやく第二次大戦後（一九五二年）になって明らかにされた事実である。またイノセント三世はカタリ派の異端説得のため、最初シトー派説教師を用いたが、民衆の生活から遊離した彼らの説得はただ嘲笑を買ったにすぎなかった。

およそいかなる実践的理想であっても、実践から切り離されて、なおみずからを維持しうるものはないのである。

◉グレゴリウス主義と十二世紀の宗教運動

これまでわたくしどもは、十一世紀の末年から十二世紀半ばにいたる「使徒的生活」の実践を本質とする新しい宗教運動の展開をみてきたのであるが、この現象に直接先行するグレゴリウス改革とその理念＝グレゴリウス主義は、それとどんな関係をもつものであったろうか。わたくしどもはさきに、グレゴリウス改革の根底には、ドナティズムの再版としての主観主義的・人効論的秘蹟論があり、これが教会の浄化と教会の自由というグレゴリウス改革の目的にいたる最捷径であったこと、しかしそれは同時に異端的な方法であり、問題を秘蹟論に限定した場合でも、そのために生じた混乱の恢復には一世紀以上の期間を必要としたことを述べた。このグレゴリウス的秘蹟論は、それでは、新しい宗教運動にどんな影響を与えたか。

グレゴリウス主義的秘蹟論が直接関係するのは、ミラノのパタリアと西南ドイツのヒルサウ修道院の改革運動の場合だけであり、この両運動が終わったのちにおこった新しい宗教運動との関係は、グレゴリウス改革期以後の諸法王によっても、ときに瀆聖聖職者の秘蹟の排撃が繰り返されたということ以外、ほとんど直接的に立証しうるものはない。しかしグレゴリウス改革が使徒的生活の新しい理念を知らなかったとしても、改革が強調してやまなかった聖職者の道徳性は、少なくとも倫理規定としては、使徒的生活の理想に通ずるものがあったし、また逆に新しい宗教運動の担い手は、その道徳的リゴリズムからして、グレゴリウス改革のとなえた「瀆聖聖職者の聖務無価値論」を、ほとんど例外なしに繰り返している。それゆえ、直接の関係を立証する証拠こそ欠けているが、間接の関係、つまり影響を想定することは、当然許されるであろう。原始キリスト教ないし福音書への復帰という、使徒的生活の根本理念は、グレゴリウス改革の人心に与えた深い衝撃なしには考えられないことも、さきに触れたとおりである。新しい宗教運動の担い手は、異端をもふくめて、みな真実のキリスト者たろうとした人々であった、というより、その主観的真実に単純に固執した使徒的生活の実行者が、「エセ使徒」の名のもとに、異端とせられたのであった。グレゴリウス七世がとった一〇七七年のカンブレーのラミールドゥスに対する態度を彼らにうつすならば、その多くは正統として賞讃されたかもしれないのである。

これはしかしグレゴリウス主義の一面である。新しい宗教運動を修道院におしこめて窒息させてしまった新修道会の設立者や、広くいってローマ教会の態度は、これもまたグレゴリウス主義本来のものである。グレゴリウス主義にはグレゴリウス主義の教会理念がある。それは「正しい」「使徒的継承《アポストリック・サクセッション》」にもとづく教会秩序《オルドー》（それは同時に教会的世界秩序であるが）の理念である。使徒に託せられた主の使命の排他的継承権にもとづく、一つの教会・一つの洗礼・一つの救いというローマ教会の理念は、ただ歴史的伝承への信仰によってだけ合理化しうるものであり、そのかぎりでは、徹底的に保守的なものである。グレゴリウス主義は、この徹底的に保守的な教会秩序の理念を実現するため、このうえなくラディカルな手段としての主観主義的秘蹟論を用いた。しかし秘蹟論は本来、手段にではなく本質に、つまり教会とその秩序の理念＝職制論に属すべきものであったのであり、この点にグレゴリウス主義は、最初から本質的な矛盾を含んでいたといわなくてはならない。したがってグレゴリウス主義は、一応その目的を達したあとでは、急速に保守化せざるをえないのである。使徒的生活の理念を育成し鼓舞したのも、これを修道院にとじこめてその翼を切りとったのも、ともにグレゴリウス主義であった。

しかし一旦点火された使徒的生活の理想は、それが信仰生活の内面的真実に発するものであるかぎり、職制論でおさえられる性質のものではない。ことにそれがグレゴリウス主義の勝利の結果、かえって新たにあらわれた腐敗を眼前にするときは一層そうならざるをえない。しかし改革諸法王の偉大な英雄時代をすぎたローマ教会は、ただひとえに保守化の道をたどるのみであり、民衆の切実な信仰上の要求にこたえることができない。とすれば、ローマ教会はいよいよ異端的に急進化する「使徒」たちを吸収する力を失わざるをえないのである。そしておそらくわたくしどもは、ここでローマ法王権という普遍的権威は、ただこれに匹敵する普遍的権威である皇帝権との対抗、あるいは共存関係なしには維持されえないという、封建社会の通則を思い出してもよい時だと思う。

◉十二世紀の法王権と宗教運動の急進化

一一四三年、ローマ市民の一団が法王イノセント二世（在一一三〇―一一四三年）に反抗して、カピトリノの丘を占領し、古ローマ共和国の復興を名とする革命をおこした。同年イノセント二世が歿したあと、三年のあいだに三人の法王があわただしく使徒の座に上ったが、この間、反乱市民団は、一一四四年、都市長官《パトリキウス》を選び、五十六人から成る元老院をつくって、共和国の復興を宣言した。一一四五年法王に即位したエウゲニウス三世は、この反乱をおさえきれず、一一四七年、フランスに逃亡し、翌年には南イタリアの封建諸侯の来援を得てローマの恢復を図ったがむなしかった。エウゲニウスが即位した同じ一一四五年にローマ市に入り、一一五四年までの約十年間、このローマ共和国の指導者となったのが、北イタリアはブレッシア生まれの律修聖職者の説教師、一代の学僧でありアジテーターであったアルノルド＝ダ＝ブレッシアであった。

アルノルドについては、アベラールのもとでの彼のパリ遊学時代を知っている。十二世紀ルネサンスの偉大な代表者ジョン＝オブ＝ソールズベリが詳細な記録を残している。それによるとアルノルドは、早くから清貧と禁欲の生活に入り、「知性に鋭く、聖書研究に着実であり、弁舌さわやかにこの世の蔑視を説く説教師であった」。彼の信奉者のなかには女性が多かったとジョンが述べていることも、十二世紀宗教運動の共通の性格を示すものとして記憶しておいてよいことであろう。

しかしその教会批判があまりに強烈であったので、彼のおもむくところ、つねに教会と民衆の不和がおこった。彼がブレッシアの修道院長だったころ、同市の司教がローマにおもむいた不在期間、アルノルドは司教教会の全聖職者の心をつかんだので、司教の帰還にさいしては、みなそれに反対するにいたった。この混乱とその教説をとがめられ、アルノルドは法王イノセント二世の追放をうけ、フランスにおもむいてアベラールに学ぶことになる。ジョンが彼を識ったのもこのときである。アベラールの感化をうけたアルノルドは一層その所説を急進化し、一〇四一年にはサンスの公会議で、その師とともに異端説の取り消しを命ぜられた。しかしイノセントの死後、彼はエウゲニウス三世に許されてイタリアに帰り、悔悛のためローマに巡礼し、ここにとどまることになるのだが、これが彼をローマ市民の「共和国復興」の運動に結びつける機縁となったのである。

その後のことについてはくわしく述べる余裕がないが、アルノルドの指導したローマ共和国は法王側のどのような努力にもかかわらず、容易に征服されず、結局一一五四年、法王ハドリアヌス四世と皇帝フリードリヒ一世の合作によりアルノルドが捕えられて処刑され、その灰がティベル川に投げ棄てられることによって一段落した。

しかしアルノルドを失ったローマ市のコミューンは、その後も抵抗をつづけ、結局法王権は、一一八八年、終局的にその自治権を認めざるをえなかった。これは当時における都市発展の一般的結果として説明もできようが、アルノルドが市民のあいだにどれほどの信望を得ていたかは、その死を悼んだ無名の一修道僧の詩のなかにうかがわれる。

彼はアルノルドの処刑を叙して、これを聖徒の死としている。

ところで、ここでアルノルドの関係したローマ共和国復興事件を述べたのは、そのこと自体の歴史的意味からというより、叙任権闘争の勝利ののち、ヨーロッパの指導権を掌握したかにみえるローマ法王権が、その後も、政治的には、決して安定した地位に達したものではなかった事実を示そうとしたためである。

それでは市民団の反抗によって、十年近くも法王がその市を追われるといった、一般的な常識とまったくかけ離れたことがどうしておこりえたのか。その理由を考えておくことは、中世ローマ法王権をめぐる正統と異端の問題、ことにこの問題に処したイノセント三世の法王権の歴史的意義を明らかにするうえで、無意味ではない。

一口にいって、それはローマ法王権が、近代におけるような、純粋な宗教的権威ではありえなかったためである。中世におけるキリスト教会の司教の地位は、それ自体一個の封建的権力であり、それゆえまた本来の封建権力にとっても大きい利用価値ある権力であった。まして司教中の司教であるローマ法王権はそうであった。したがって、ローマ法王権は、たとえそれを望んだにせよ、権力政治から超越することはできなかった。ロー封建的無政府状態の支配した九世紀後半から十一世紀まで、ローマ法王権を支配したのは、皇帝でも国王でもなく、ローマ市ないし法王領の地方豪族たちであった。皇帝ハインリヒ三世の改革以来、グレゴリウス改革の盛期を通じて、法王権は地方政治の利害をこえる高い地位に立つことができた。ところが、ウルバヌス二世の歿後（一〇九九年）、ことに皇帝ハインリヒ五世がドイツ統一に専念してイタリア支配を放棄したのち、法王権はふたたびローマの地方貴族、ピエルレオニ、フランギパーニ、コロンナ、オルシニ等の家々の権力闘争の渦中にまきこまれることとなった。

ウォルムス協約（一一二二年）の締結によって、皇帝・法王間の司教叙任権闘争が一段落したとみえたのも束の間、皇帝ハインリヒ五世が歿してサリ王朝が絶え（一一二五年）、神聖ローマ帝国が混乱におちいってからの法王権は、一層地方政治の泥沼のなかにはまりこんだ。司教叙任権闘争以来、二人の法王が対立することは珍しくなかったが、いまやこの法王対立は、ローマ貴族および、ときには南イタリアのノルマン王国の政治的対立をそのまま反映するものとなり、この間において最もグレゴリウス改革の精神を体現したイノセント二世のごときは、即位後八年間はローマに入ることさえできなかった。

一一三九年、ようやくローマに帰還したイノセントは、第十回一般公会議（ラテラノ公会議の第二回）を召集し、ふたたび瀆聖（妻帯・姦淫）聖職者によって満たされた教会の浄化を宣言し、また対立法王「ペトロレオーニ（アナクレトゥス二世）により、またその他の離教者、異端者等によって為された叙品を廃棄《エヴァクオ》し、無効である《イリタ・エッセ》」と断罪したのであったが、その直後の一一四三年、前記の「ローマ共和国復興」事件がおこり、その混乱はやがて法王権とホーエンシュタウフェン朝の神聖ローマ諸皇帝との争いにひきつがれ、法王アレクサンダー三世が皇帝フリードリヒ一世と協定に達する一一七七年までつづいた。

　しかしそれも一時で、イノセント三世が皇帝ハインリヒ六世の急死を利して、法王権の完全な基礎確立に成功する一一九八年にいたるまで、法王権の不安定はつづいたといってよい。その不安定さを最も明瞭に示すのは、この四分の三世紀にわたる期間、正規のローマ法王で、ローマ市に安住しえたものがほとんど一人もいなかったという驚くべき事実のうちに示されている。アルノルド＝ダ＝ブレッシアと争ったエウゲニウス三世が、第二回十字軍の組織を聖ベルナールにまかせざるをえなかったのも、彼がついにローマを恢復しえなかったことからおこったことである。

　またロンバルド都市同盟と結んで皇帝フリードリヒ一世に対抗し、皇帝が次々に任命した四人の対立法王と争い、最後に皇帝のレニャノ敗戦（ロンバルド都市同盟の勝利、一一七六年）を利して、皇帝に対する全面的勝利をかちとり、「カノッサ事件」にも似た皇帝の跪坐《きざ》を行なわせたといわれるアレクサンダー三世も、その後における皇帝の巧妙な外交によってロンバルド都市同盟との提携を断たれ、わずかに皇帝の保護によって、ローマに定住しえたにすぎない状態であった。

とはいえイノセント三世にいたるあらゆるローマ法王が、波間の小舟のように、外部の権力にあやつられて、動揺をつづけていたわけではない。アルノルドの共和国に対し、ついにアルノルドを倒しえた、歴史上最初のイギリス人法王ハドリアヌス四世は、法王領の統一にはじめて一貫した自主的な政策をとった人物であった。彼は法王領の中小都市を育成し、封建諸侯に対する対抗勢力をつくりあげ、他方では所領の交換・売買・併合等によって、法王権の直轄支配の基礎を固めていったが、同じ都市政策は後継者のアレクサンダー三世にもうけつがれ、皇帝権力をも阻みえたロンバルド都市同盟の組織と指導にまで拡大された。この都市政策によって、法王権はウルバヌス二世以来はじめて、単なる地方的権力争いから多少とも独立しえたのである。

しかしこの都市政策を行ないえたという客観的事情がローマ法王権に対し、それまでになかった新しい複雑な問題を課することになった。パタリアの勝利がみられた十一世紀末はイタリアの都市自治運動《コミューン》の出発点であった。ヴェニス、ジェノア等の先進都市につづいて、ロンバルディアやトスカナの都市、シエナ、フィレンツェ、ルッカ、ミラノ、パヴィア、ブレッシア、ボローニャ等の中北部イタリアの都市が次々に封建的都市領主の支配を脱して自治を確立していった。イタリア自治都市の特徴は、市民が、最初対抗した貴族勢力とやがて妥協し、両者合して寡頭《かとう》貴族制的な都市支配層をつくり出した一方、広く都市周辺の地域をあわせて都市国家に発展していったことである。

しかしこの支配貴族層はヴェニスを唯一の例外として内部的にたえず分裂し、都市内部でも都市間にも党派争いがたえなかった。ホーエンシュタウフェン王朝以来、イタリアの都市が法王派《ゲルフ》と皇帝派《ギベリン》にわかれて争いつづけたのも、このようなイタリア都市一般の内部的対立に起因する。このような内部対立は、商工業の発展に伴い、さらに大市民・小市民の争いという新しい要素を加え、完全民主制から独裁制にいたるあらゆる政治形態を経験しつつ、ルネサンス時代にまでつづくのである。

このイタリア都市のあいだにあって、商工業に立ち遅れたローマは特別の地位にあった。十二世紀までのローマは、キリスト教会の中心でありながら、人口的にはまったくの中小都市の一つであったらしい。一一四三年に共和国復興運動がおこったのは、ローマもこのときようやく、他のイタリア自治都市と並ぶ都市に発達したことを証明したものである。ともかくも内部的にも外部的にも、このように分裂と対立の多いイタリアの都市は、教義上の争い、異端の発生には、きわめて好都合な温床をなすものであったことがわかるのである。

◉カタリ派・ワルド派・謙遜者団

さて、十一、二世紀の交に盛んとなった新しい宗教運動、「使徒的生活」の実践運動の主要部分が、シトー、プレモントレ、フォントヴローの三大修道会に吸収されてしまった第二回十字軍（一一四七―一一四九年）のころから、西ヨーロッパには、またもや新しい形の清貧主義の使徒たちがあらわれた。それははじめライン川ぞいのケルン市（一一四三年）からシャンパーニュ地方にひろがったが、やがて南フランスのペリゴール地方（一一四七年）にも拡大した。聖ベルナールは早くもこの運動の異様さに気づいて警告を発している。それはやがて一時表面から消えたのち、一一六〇年代からふたたび活発になる。これがカタリ派、あるいは、その後の中心地、南フランスはトゥールーズ地方のアルビ市の名に因んでアルビジョアと名づけられる中世最大の異端である。

カタリ派は、もともと三世紀半ばごろのイランにおこったマニ教の影響をうけ、七世紀の半ばごろの小アジアに発生したパウロ派と呼ぶキリスト教異端に起源をもっている。この異端はついで、九、十世紀ごろブルガリアに入り、ここでボゴミルと呼ぶマケドニアの説教師によってもう一度つくりかえられたのち、コンスタンティノープルに入り、ここでさらに教義をととのえたのち、第二回十字軍前後の活発な東西交渉にのって、西欧に入ってきたものであった。

その教義はマニ教に影響されている以上、当然二元論的であり、旧約をサタンの作としたり、またサタンが天国に追われるとき連れてきた天使がすなわち人間の霊魂なのであり、人間はそれゆえこの世の肉体にとじこめられた天使にほかならず、つねに天にかえることをのぞむものだ、というように、不思議な神秘的教理をもっている。しかしこの人間の救い主として新約のキリストを認めるものであり、同時に人間の救いのためには、性愛をその手段とするサタンの誘惑に陥らないことが重要であるとして、徹底的な禁欲を説く点では、これまでに見てきた使徒的生活の説教者とも混同されやすい一面を有した。ともかくも彼らはどこまでも真実のキリスト者たる意識をもち、とくにその指導者・達識者《ペルフェクテス》は厳格な禁欲生活の実践者であったから、西欧の一般民衆は、彼らを従来の使徒的生活の説教師とほとんど区別することができなかった。

またカタリ派が主に都市に宣教の目標をおいたのに、十一、二世紀の宗教運動の主要な部分が都市をさけた修道院のなかに吸収され、第一回十字軍以後急速に膨脹をつづけた都市が依然大小の使徒的生活の説教者の活動の場となっていたことも、カタリ派の宣教に好都合だったのであろう。十二世紀後半におけるカタリ派の発展にもいろいろな曲折はあるが、ともかくも十二世紀の七、八〇年代には、イタリアのロンバルディア、南フランスのトゥールーズ地方を中心に、イギリスをのぞく西欧のほぼすべての地方に拡大している。そのなかでもトゥールーズでは、伯をはじめ多数の貴族が、カトリック教会の富裕さに対する反感から、支持を与えたことが、カタリ派隆盛の理由となった。十二世紀の末、カタリ派は明確な教義をもち、ある程度集権的な司教組織をさえもつ一大異端の組織にまで成長した。このような異端は、中世ローマ教会史上かつてあらわれたことのないものであった。一一七七年、皇帝との争いを一段落させた法王アレクサンダー三世が、第一回のカタリ十字軍（一一八一年）をおこしたのも当然であった。

しかし十二世紀の後半には、そのほかにもう一つの新しい宗教運動が、しかもカタリ派のように外部から入ったものではなく、まさに十一世紀末以来の宗教運動の継続として登場してきた。これが後に異端と宣告されるにいたったワルド派である。

ワルド派は、無学だが信心深い南フランスはリヨンの大商人ピエール＝ワルドーから生まれた。彼はある日、吟遊詩人のうたう聖者アレクシスの物語に感動し、財産のすべてを放棄して使徒にならう清貧と説教の生活に入った。といっても彼は無学だったので、聖書を口語訳してもらい、それにもとづいて清貧の生活を説いたのである。人々はワルドーの突然の転身におどろいたが、やがて彼の説くところに耳をかたむけるようになり、つき従うものは日々にふえた。ワルドーとその信奉者はみずから「リヨンの貧者」と称し、清貧を説くとともに、世俗化した聖職者を烈しく攻撃したので、リヨンの教会と衝突し、大司教は彼らを破門した。

ワルドーは「ひとは人間よりは神に従わなくてはならない」（使徒行伝五章二十九節）として、みずからローマにおもむいてアレクサンダー三世に上訴し、その口語訳聖書を提出して、説教の許可を乞うた（一一七九年）。ワルドーの右の言葉には、究極的にいって、教会の教職制度を否定するものがあるが、当時の彼には、使徒の命に従うことを教会が禁ずるはずはない、という意識のほうが強かったのであろう。アレクサンダー三世はワルドーの人柄とその熱誠にうたれて、彼を抱擁したと伝えられるが、聖書の口語訳とそれにもとづく説教は、問題の重要性に鑑み、本書の第一章（三一ページ）に紹介したイギリス国王の法王庁使節ウォルター＝マップの委員会審議にかけたのであった。その結果はすでに述べたとおりである。ワルドーの自由説教はいれられず、信者の日常倫理に関するものだけが管区司教の許可を条件に許されただけであった。

その後の細かい経緯については明らかではない。一時ワルドーはその非を認めて説教を中止したともいわれるが、やがてふたたびもとの活動にかえり、またもやリヨン大司教との争いにおちいり、一一八四年のヴェロナ公会議では、法王ルキウス三世によって異端の宣告を受けることとなったのである。

こうしてワルド派は公然たる活動を停止されることになるのであるが、もとより弾圧によって情熱を失うワルドーではなかった。その信奉者はリヨンを出発点として急速に西は南フランスからスペインに、東はロンバルディアに、そして北はラインやドナウ流域からボヘミヤにまでひろがり、ワルドーがボヘミヤで歿した十二世紀末年には、ふつう七百名前後のワルド派会議が開かれたと伝えられている。

その教義には、異端宣告後、一部にはカタリ派の影響が認められるとともに、カタリ派と共通の指導者・達識者《ペルフェクテス》と平信徒《クレデンテス》の組織ももつことになるが、注目されるのは彼らのまじめな学習的態度である。ワルド派は中世における聖書口語訳の先駆であるが、すべての信徒は日々聖書の学習を義務とせられ、「一日一語を覚えよ。一年のうちには三六五語をならうことができる」とはげまされた。また信徒のあいだには無学文盲ながら「ヨブ記」や「ヨハネ福音書」を暗誦できるものさえ少なくなかったという。さらに十四世紀のフランスの異端審問官ベルナール＝ギイの言葉によると、ワルド派は聖書ばかりではなく、アウグスティヌス、ヒエロニムス、アンブロシウス、グレゴリウス大法王の著作からの抜粋口語訳による『神学命題集《センテンティアエ》』をさえもっていたといわれる。

ワルド派について最後に指摘しておきたいのは、彼らがカタリ派に匹敵する勢力と組織とをもち、しかもそれにもまさる学習的態度をもつ使徒的生活の実践者であり、同時にカタリ派的異端の防止のため、教会の防波堤たろうとする熱意に燃えていた、という点である。この純粋信仰の人々を生かしえなかったのは、ローマ教会の大きい失敗であって、そのためローマ教会は世俗権力に対する勝利のその瞬間に、大きい危機を迎えることになるのである。

因みにワルド派は中世末期や対抗宗教改革《カウンター・リフォーメーション》の異端審問の暴風雨をも切り抜け、現代に残る唯一の中世異端として、今日もフランスの国境に近いイタリアのピエモンテの渓谷に残存している。

十二世紀後半の宗教運動には、以上のほかに、なおロンバルディア諸市に拡まった「謙遜者《フミリアーティ》」とよぶ一団を数えなくてはならない。この「謙遜者」もまたワルド派と同じく一一七九年の第三回ラテラノ公会議でその活動の認可を得られなかった使徒的生活の実践者であった。

彼らはパタリアとまぎらわしいパタレニ、あるいは「お人好し《ボニ・ホミネス》」などと呼ばれる比較的温和な人々であった。彼らはワルド派のような積極的な福音伝道を志すものではなかったが、手工労働によるつつましい、しかし道徳的に堅固な生活を求め、これをなんらかの集団的な方法をもって確保しようとする一般俗人を基礎に、律修聖職者、男女の修道士などのグループをもふくむ相当に大きい集団を、当時すでに形成していた。仲間相互の説教は彼らの生活にとって欠くことのできぬものであった。

彼らの大きい集団性と説教とが、その清貧の生活とともに、当時の一般聖職者、ことに世俗化した聖職者にとってわずらわしかったものであろう。しかし彼らが「カトリック的信仰のため身を挺したい」とアレクサンダー三世に願い出ていることは、十二世紀後半の宗教運動の一面を知るうえに重要な点であろう。そのことについては、イノセント三世の宗教運動対策を語るさいに改めてふれる機会があろう。

◉十二世紀末の宗教運動と秘蹟論

十二世紀後半の宗教運動のもつ秘蹟論については、個々的に種々の偏差がある。たとえばカタリ派では教会聖職者の行なう一切の秘蹟にかえて、達識者の行なうコンソラメントゥムのみを認める。これは形態的には一種の按手礼であり、達識者となるための条件、平信徒にとってはカトリック教会の終油の役割をもっている。ワルド派では平信徒に聖体等の秘蹟執行が認められているほか、死者のためのミサ・断食・喜捨の効果の否定、幼児洗礼の軽視ないし否定がみられ、その他原罪や十字架・聖遺物崇敬等の否定を主張するものもある。その他、秘蹟には関係ないが、マタイ伝五章三十四節とヤコブ書五章十二節にもとづく宣誓の拒否は当時の宗教運動のすべてに通ずる特徴である。

しかし、カタリ派はある程度例外として、ワルド派もその他の宗教運動者も、教会の秘蹟を頭から否定するものではなく、むしろ瀆聖聖職者の秘蹟が効果をもたないため、やむをえず平信徒の秘蹟執行を認めるという態度が、少なくとも最初は強かったようである。問題は秘蹟執行者の功徳《メリット》にかかっていた。これはニコラウス二世からイノセント二世にいたる十一、二世紀のグレゴリウス主義の諸法王、あるいは十一世紀末以来の「使徒的生活」の実践者と根本的に同一の主観主義論であるといってよい。それゆえ、個々的な偏差はあるが、十二世紀後半の宗教運動の秘蹟についてはとくに立ち入って述べる必要は少なく、問題となるのは、これを受け止めた教会側の態度にあるというべきである。

十二世紀後半の宗教運動者は、秘蹟に関する特別な神学上の理論によるというよりは、使徒的生活の実践そのものが、彼らに聖職者の権限を与え、瀆聖の聖職者からはそれを奪うと確信していた。十二世紀の代表的神学者の一人アラン＝ド＝リルは、「ワルド派は聖化し祝福し縛りまた解くためには、教会職制《オルドー》と職務《オフィキウム》より功徳《メリトウム》が大事だ、なぜなら功徳は力を与えるが職務はそれを与えないからという」ことと、「彼らはみずから使徒の代理であり、その功徳のゆえに当然聖職をもつのだ」という点にワルド派と教会の主要対立点をみとめている。

また異端とも、その他の宗教運動とも、直接になんら関係をもたなかった十二世紀中葉の法学者フーゴー＝スペローニ（一一六四年歿）は、最近発見された著述のなかで、聖職者は「霊的で純潔で完全でなければならない。さもなければ彼はまさにそのことのゆえに聖職者でありえない」と主張するのに対し、教会側の学者から、「聖職とは法に属する問題、つまりは制度に関する問題である……事物に関する職務と、その事物を取り扱う人間の心に関する宗教や愛の功徳とのあいだに、なんの関係があろう」という反論を与えられている。

これらの引用から一見して明らかなことは、宗教運動家の秘蹟論と教会側のそれとが、グレゴリウス改革時代とはまったく逆転していることである。法王ないし公会議の決定で、グレゴリウス改革時代と同じ瀆聖聖職者の聖務無価値論をうたったものは、前記のイノセント二世による第二回ラテラノ公会議（一一三九年）の決定をもって終わる。そしてこれにかわって強調されてくるのが、教会職制にもとづく職務論である。それはさきにわれわれがグレゴリウス主義の本質の一面として指摘し、また十二世紀以前の宗教運動を修道院の壁のなかにおしこめたといった教会側の主張である。それは教会職制の確立に成功したグレゴリウス主義が当然採用しなければならない保守主義であり、十二世紀後半、宗教運動の急進化ないし異端化がすすむにつれて一層強調されざるをえない立場であった。この立場を最も明確に確認したのが一一八四年のヴェロナ公会議であった。

この公会議は、第一章でもふれたところであるが、十二世紀後半におけるローマ教会の対異端・宗教運動の態度を、総括的に明らかにしたものである。それはアレクサンダー三世の一一七九年の第三回ラテラノ公会議後もカタリ派、ワルド派、「謙遜者」等々の活動が一向に衰えないところから、「最近世界の処々方々で増殖しはじめた、誤れる種々の異端を根絶せん」とする決定であり、その対象となる「カタリ派、パタレニ派、また誤った呼び名で謙遜者ないしリヨンの貧者と呼ばれるもの、渡り者《パッサギニ》、ヨゼピニ、アルノルド派は、永遠の破門に処すべきもの」とするものであった。

この異端の名称はおそらく当時のすべてをつくしたものではなく、その代表的なものだけにとどまると思われるが、パタレニはパタリアと同一ではなく、ロンバルディアのカタリ派ないし謙遜者をさし、渡り者とはワルド派の別名であり、また謙遜者はワルド派と区別されていない。ヨゼピニは不明である。

しかしその一々を明らかにする必要は必ずしもない。大事なのは、これにつづく決定において、まず教会の明示的付託によらない一切の説教を異端としたことである。この禁止規定は説教者の人物、説教の内容に一切関係をもたないものであって、これによりすべての使徒的生活の実践は、教会から追放されたことになる。第二には一切のカトリック的秘蹟論の批判は異端とされ、すべての教会責任者は、自由説教とともにこの異端の摘発を義務づけられ、最後に異端根絶のための司教による正規の異端審問が制度化されたことである。同時に異端根絶への世俗権力の協力も要請されている。

ヴェロナ公会議の異端審問制は、従来各教会管区の司教のイニシアティヴに委されていたものを、正規の教会制度として確立した点に意味があり、十三世紀以降のそれに比すればまだゆるやかなものである。しかしこの異端審問制の確立を結論とした異端一般の規定は、十一世紀末以来一貫して衰えをみせない宗教運動に対し、教会が一切の妥協を排して挑戦したことを意味する。

異端の根絶は教会の任務である。だがその異端の内容は何であったのか。そのなかには、本来の異端とともに、ワルド派や謙遜者のように、宗教的熱誠のあまり教会職制にふれたところの、本来は教会の異端に対する防衛につこうとしていた人々もふくまれていた。本来の異端であるカタリ派さえ、主観的には真実のキリスト者たろうとしていた人々である。これを教会内に吸収しうる力もなしに異端とし、これを根絶しようとするところに、はたして教会としての使命があったのであろうか。ヴェロナ決定のなかには、アレクサンダー三世にはまだ感ぜられた人間的温か味が消えうせている。それは宗教的に何事をも解決しないにひとしいものである。ここに中世カトリック教会の大きい危機をみないものは、ただいたずらに保守的な教会職制論者のみである。この点にまさにイノセント三世の政治のもつ歴史的意味があったのである。

第七章　イノセント三世と宗教運動

仔羊を仔山羊からわかつのに大いなる慎重熟慮を要するとすれば、羊飼なしにさまよいでた羊をその群につれもどすときには一層しかりであり、……

イノセント三世

◉新たな出発にさいして

わたくしどもは一二一〇年におこったイノセント三世と聖フランシスとの会見を、一つの世界史的な「出会い」とみ、その意味を、これによってローマ教会が過去何世紀かにわたって負いつづけてきた「負い目」を返した点に求めた。しかしその意味を理解するために、十一世紀のグレゴリウス改革に、そしてこの改革の理解のために、さらに遠く古代末期・中世初期にまでさかのぼった。これによって歴史的伝承を重んずることのあついカトリック教会にあっても、真の伝統の形成には長い紆余曲折のあったことが知られた。わたくしどもの問題にしてきた秘蹟論についていえば、グレゴリウス改革が目指したカトリック的世界秩序の確立が、この秩序の本質に矛盾する主観主義的秘蹟論の強行をもって行なわれたため、カトリック的な、客観主義的秘蹟論＝事効論の確定が一世紀半も遅らされたばかりではない。それにともなっておこった混乱は、「使徒的生活」の実践を本質とする十一、二世紀の宗教運動を生みだした、といいきることはできないまでも、少なくともいちじるしくそれを助長する結果となった。しかも目的を達したグレゴリウス主義が、今度は逆にこの宗教運動を、あるいはただ体制内にとじこめようとし、あるいは体制外に放逐しようとしたことは、宗教運動そのものの急進化と異端化をひきおこし、十二世紀末にいたって、いわば正統と異端との妥協の余地ない対立をつくりだした。ローマ教会はここに大きい危機に直面した。もしこの情況において聖フランシスの小兄弟団の運動がおこっていたとすれば、自由説教という一事だけでも、異端ときめつけられたにちがいない。

こうしてわたくしどもは、ふたたび問題の出発点であるイノセント三世の時代にかえってきた。はたしてイノセント三世はどのような手段によって、体制を固守しつつ、異端を正統教会に吸収することができたのであろうか、これがわたくしどもの最後の課題である。

◉第一の試み――謙遜者団の問題

ヴェロナ公会議ののち十四年をへてイノセント三世が即位したとき、宗教運動に対する全面的挑戦ともみなされるこの会議の決定は、幸か不幸かまだほとんど実行されていなかった。ルキウス三世の四人の後継者には、この決定を強行する意図も能力もともに欠けていたかにみえる。これはしかしむしろローマ教会の幸運であったといわねばなるまい。なぜなら、一旦それが強行された場合には、ローマ教会は癒しがたい分裂を教会と宗教運動のあいだにつくることになったに違いないからである。

イノセント三世は即位早々、この問題に取り組んだ。彼には最初から一つの原則的な態度があった。すなわち、できるだけ多くの宗教運動を教会内に取りこむよう手段をつくすこと、しかもなお取りこみえない部分は、あらゆる手段をもって殲滅《せんめつ》することである。この態度はカタリ派異端に対するアルビジョア十字軍にいたるまで見事に貫かれている。

彼はまず宗教運動の実態をつかむため、あらためて司教たちに命じて調査を行なわせる。調査の範囲は残念ながらはっきりしない。しかし偶然の一致か、ルキウス三世が宗教運動の追及を決定したロンバルディアのヴェロナ司教区に関する記録が残っている。命を受けたヴェロナ司教は、まったくルキウス三世的観念でことを処理しようとする。カタリ派・ワルド派・謙遜者《フミリアーティ》等はすべて文句のない異端として報告される。イノセントはかさねて、「無害なものを有害なものとともに罰するのは予の意志ではない」、それゆえ「雑草をとろうとして小麦をひきぬいたり、害虫を駆除しようとして葡萄をそこなうことのないよう、農夫や園丁が注意深く効き目ある薬を見つけだそうとするよう」に分別をもって調査にあたるよう命ずる。その結果、イノセントは謙遜者とワルド派がまず最も重要な施策の対象であることを発見する。そしてテスト‐ケースとして最初に取り上げられたのは、謙遜者《フミリアーティ》のほうであった。

この選択はフミリアーティが逸脱するところ最も少ないという判断によるものであったろう。しかし、アレクサンダー三世やルキウス三世の時代とは異なり、フミリアーティにあっても問題の解決は技術的にいちじるしく困難となっていた。それは彼らが、イノセントの時代、すでに在家の信徒を主体とする段階をこえ、男女の修道士的共住者および律修聖職者的共住者の団体を形成するにいたっていたからである。この三種類のフミリアーティに、それぞれ別個の集団形式を与え、そのうえで三集団全体を包括する団体を組織させる方法は、既存の修道会則のなかにはまったく前例を見いだすことができなかったからである。

しかし、この点でイノセントの法学者的能力は最高度に発揮された。彼は即位した一一九八年ないし一一九九年に、フミリアーティの代表者と談合をかさね、問題を法王庁内委員会に託し、その結果をあらためて彼自身検討することによって、一二〇一年七月に、その結論を出した。

その結果、認可されたフミリアーティ戒律（会則）は、まず、修道士としておよび律修聖職者としての共同生活をいとなもうとする男女のフミリアーティに関するもので、彼らにはベネディクト戒律・アウグスティヌス戒律の組合せに、彼ら自身の要求をみたすべき規定を加えたものが与えられた。これらはしかし、フミリアーティがそれまでに事実上行なってきたことの、法的追認を出るものではなく、彼らの共同生活が公認されたということ以上にあまり新味のないものである。

より重要なのは在家のフミリアーティの処理である。彼らにも共同生活が認められた。しかし彼らに与えられたのは、戒律《レグラ》（会則）ではなく規則《プロポシトゥム》であった。粗末な衣服、手工労働による生計の維持、利殖の禁忌と不当利得の返却、必要以上の利得の貧者への喜捨、婚姻義務の履行、謙遜・忍耐・愛による平和で清潔な生活。これがその規則の第一の内容である。こんな涙ぐましいまでの謙譲な生活規定をなんでわざわざ闘いとる必要があったのだろう。しかしこれがいわゆる在家信徒の自発的貧困＝清貧なのであり、これを集団的に確保し実践しようとするところに、守旧一方の教会の嫌疑をひきおこす理由があったのである。

この規則にはそのほか、彼らだけの聖務日課の規定と、宗教運動一般にみられる宣誓忌避について、その許容限度の規定および教区司祭への服従と十分の一税支払いの規定などがあった。

しかし、以上の平凡な内容とは打って変わった斬新な規定として、説教の許可が付け加えられている。彼らは集会を開き、そこで説教することを許される。もちろん、それには管区司教の許可と教義事項を除いた倫理問題にかぎるという条件が付されている。しかしこの規定の重要さは、まず俗人の集会と説教が公然と認められたということであり、次には、司教の認可は時と所についてであって、その内容の検閲に立ち入らないということであった。これは明示はされていないが、条文の文脈から推定されるところである。教義に関する自由説教は、俗人たる彼らに当然禁ぜられるところであり、フミリアーティ自身それを要求していたものではない。しかし教義事項は別として、彼らはその倫理説教を通じて信仰上の訴えを行なうことができた。そしてこれこそは彼らが、一一七九年、みずから「カトリック信仰のため身を挺する」と述べたことの要点だったのである。

こうしてフミリアーティがアレクサンダー三世にむなしく懇願し、ルキウス三世によっては異端としてきめつけられた生活理想の実践が、賞讃さるべきものとして教会に受け入れられたのである。

以上にみたフミリアーティ戒律・規則の決定は、フミリアーティにとって、問題の全面的解決であった。教会にとっても、それは難問解決への突破口であった。しかしイノセント三世にとっては、この革新的決定を先行の公会議決定（一一七九年の第三回ラテラノ、一一八四年のヴェロナ）とどう調和させるか、体制を固守しつつ体制に弾力を与えるにはどうするかという点に、別して困難な問題があった。というのは後に明らかになるように、革新に疑惑と不満とをもつ勢力は教会内に少なくなかったからである。彼はこの法王庁政策の一八〇度転換を、「迷える羊」「放蕩息子」の譬喩によって聖職者の責務を喚起しつつ、革新としてではなく当然の教会的伝統の継続として説明しようとする。フミリアーティ会則の前文は、その意味で、一字一字が苦心の作である。

「サタンの天使が光明の天使に身を変え、心は盗賊である狼が羊の装いをもって立ちあらわれることの多いときには、使徒の座にある予にとっては、あらゆる霊を信ずることなく、それが神に出るものか否かを検証することがふさわしい。それゆえ、仔羊を仔山羊からわかつのに大いなる慎重熟慮を要するとすれば、羊飼なしにさまよいでた羊をその群につれもどすときには一層しかりであり、またそれは、正義の仮面にあざむかれ、災いがしばしば真実をよそおう偽りの衣におおわれることが多いだけに、キリスト者の群についても一層真実であるとせねばならぬ。それゆえ、裁くものは綿密細心に考量し、人間の判断のかぎりをつくして、隠れた事実を調べあげねばならない。それは正しいものを罰して、害あるものを釈すことのないようにとのためである云々………」

それではイノセントのフミリアーティ政策の結果はどうであったか。十字軍時代の東西世界の広い観察者として知られ、異端問題の豊かな経験者であったジャック＝ド＝ヴィトリの語るところによれば、ロンバルディアの異端・宗教運動の中心ミラノ市では、フミリアーティだけが断固とした異端に対する堡塁《ほるい》であり、フミリアーティの共同生活団はミラノ大司教区だけで一五〇にのぼっていたという。これは一二一六年のことであり、またこの数には、在家信徒の集団はふくめられていないのである。イノセントは完全な成功をおさめたといわなくてはならない。

◉第二の試み――ワルド派の改宗と「貧しきカトリック者」

ワルド派異端の改宗はフミリアーティ以上に困難な課題であった。それはワルド派が巡歴説教師の団体として、定住的であるとともに家庭的基礎を失わなかったフミリアーティとはまったく異なって、急速な伝播性を有していたことが一つ。もう一つには、ヴェロナ公会議によって教会を追われてからの十四年間に、ワルド派のほうが教義的にははるかに急進化したことであった。それもワルド派説教師が家庭的なつながりがなく、完全な清貧生活において、信者の施しだけに生きる宣教者であったことによるところが多い。またそれは最初は瀆聖聖職者の秘蹟を免かれるための最後の手段としていた俗人の秘蹟執行が、破門ののちには、常態とならざるをえないということの必然的結果でもあった。

このワルド派に対するイノセントの対策は当然より慎重であったが、しかしより徹底的で大胆でもあった。最初のケースは即位の翌年（一一九九年）におこったメッツ司教区の問題であった。この年、メッツの司教はイノセントに書を送り、同市と同管区とに居住する人々で秘密に集会を開き、プロヴァンス語訳の聖書を読み、説教を行ない、司祭の禁止に対しては聖書にもとづいて反対をやめないものがある、と報告し、その処置を求めてきた。これは口語訳聖書の利用という点でまさにワルド派以外の何者でもない。イノセントは、ただちにメッツ司教に宛てて再調査を命じた。その結果も同一であった。しかしイノセントはこれに満足せず、三人のシトー派修道院長に命じて三度目の調査にあたらせた。その結果もしかし同じであった。イノセントはここでようやくこのワルド派の弾圧追放を許した。

しかしここで注意したいのは、このワルド派に関するエピソード自体ではなく、イノセントが異端の確認にどんなに慎重であったかという点である。そしてこの慎重さは、裏返していえば、彼が従来の法王庁政策や地方司教の異端対策に深い不満と疑惑をもっていたことの証拠にほかならない。

ワルド派に関する、そして最も注目すべき事件は、一二〇七年、南フランスのパミエにおこった。それはスペインはオスマの司教ディエゴが、後年のドメニコ修道会の祖ドメニコを従えて、南フランスのカタリ派・ワルド派改宗のための説教と討論の旅をつづけていたときのことである。この年、彼らはパミエで、トゥールーズ司教らの立ち合いのもとに、ワルド派との公開討論を行なったのである。討論の結果、ワルド派はやぶれ、集会に集っていた多数の貧民がカトリック側についたばかりではなく、何人かのワルド派説教師がその指導者であるスペイン出身のフエスカ（アラゴン領）のデュランドとともに教会に帰服した。彼らは法王庁にねがって、贖罪を行ない、修道戒律に従って生活する許可を与えられた。これがパミエ事件のあらましであるが、それは、イノセントのワルド派対策における画期的意味をもつ事件だったのである。

というのは、パミエでのこの成功は、オスマのディエゴとドメニコの努力にだけよるものではなく、その背後に、異端説得法についての新しい方法を指示したイノセントのイニシアティヴがあったからである。といっても、これは十分に史料的根拠のあることではない。イノセントの異端問題についての、重大政策の決定には、このほかにも例のあることだが、かえって直接の証言が欠けている場合が少なくない。それはこの重要な法王の、その他の点では史料の豊富な歴史について一見不思議なコントラストをなしている点である。が、それはかえって彼の宗教運動対策の危機的性格を示すものと受け取るべきであろう。

ともかくもディエゴらは、彼らの熱心な説教活動にもかかわらず、予期した成果もなしに一二〇六年にはローマにおもむいているのである。そしてローマからふたたび南フランスに帰る途中、法王特使として同じく南フランスの異端説得に向けられながら、無効に終わったその活動につかれ、悄然として引き返してくる三人のシトー派修道院長に出会った。ディエゴは彼らに、異端説得の新しい方法として、「異端者と同じ〝使徒的生活〟に生きながら、教会的に説く」ことを熱心に主張し、彼らを伴ってふたたび南フランスに帰ったのであった。

ところが、このシトー派の三人の修道院長らは、すでにそれ以前の一二〇四年の五月に、イノセントから、「何びととて知らぬもののない貴下らの謙譲があさはかな人々の無知による言葉を封じ、また何事にもあれ貴下らの言行が異端の非難に口実を与えることがないように」と固く戒められていたのである。この戒めを十分理解することも実行することも、彼らにはできなかった。しかしこの戒めこそ、イノセントがフミリアーティ対策の成功から確信を深めた異端説得のキーポイントなのであり、異端に対抗するには、教会の権力や威嚇ではなく、異端者自身の行なう使徒的生活の実践以外にないということであった。これが一二〇六年、オスマのディエゴとドメニコのローマ訪問にさいして、イノセントから彼らにもつたえられ、彼らがまたシトー派の修道院長らを説得した新しい異端説得法であったと考えることは、十分に可能である。

しかしそれはまたシトー派修道院長らに対し、一二〇六年の十一月にも、あらためて、イノセントから書きおくられていたことであったが、しかもなお彼らはそれを実行することができなかったのである。この一事によっても、当時イノセントが異端説得を委託しえた唯一の機関であるシトー派修道会が、その十二世紀初頭の理想からどんなに遠ざかっていたか、したがって当時のカトリック教会一般が「使徒的生活」の実践者に対して精神的にどんなに無力であったかが推測されるのである。

さてイノセントは、パミエの成功で満足したのではなかった。そしてこのとき教会に屈服したフエスカのデュランドも、単純に教会に帰服したものではなかった。明示的な証言こそないが、彼らは帰服のうえは、ローマの教会権威と教義とに従いつつ、彼らの使徒的生活を継続し、異端の克服にあたるという暗黙の諒解を与えられたものであった。

事実彼らはパミエ事件の一年後、ローマ法王庁において「改宗規則《プロポシトゥム・コンヴェルサチオーニス》」を与えられ、その使徒的生活の継続を許された。

この「規則」は在家のフミリアーティに与えられたものと同じく「会則」ではないが、ともかくも彼らが、一一七九年にアレクサンダー三世に懇願して得られなかった規定のほとんどそのままの認可であり、以後デュランド以下の転向ワルド派は「貧しきカトリック者」の名を与えられる。これは教会内から使徒的異端の説教師を養成するだけではなく、すすんで転向異端を異端説得の尖兵とするというイノセントの大胆きわまる政策を示すものであった。ここに法王庁の異端政策の完全な転換が認められるわけで、転向したのは異端ではなく、実は法王庁自身だったのである。

しかし、この条件が与えられるためには、デュランドらもカトリック的制度と教義とを承認する必要があった。すなわち彼らは、秘蹟教会としてのカトリック教会を認め、使徒的継承による法王と司教の権威に従い、またとりわけ、その主観主義的秘蹟論を放棄しなければならなかった。そのうえで彼らには、自発的な財産の放棄と信徒の施しによって生きる生活方式をみとめられ、また自由に説教し、それによって仲間を獲得することの承認が与えられた。彼らとても、もちろん、その説教に管区司教の承認を必要とした。しかし、彼らはその「規則」によって、団体的にその承認を与えられるものであり、個々の成員がそれを求める必要がなかった点は、この「規則」がほぼ会則に近い内容をもっていたことを示すものである。これは聖フランシスの小兄弟団の成立を準備する重大なステップといってよい。

しかしながら「貧しきカトリック者」の運命はきびしかった。デュランドとその仲間が活動した南フランスと北部スペインは、フミリアーティの中心であるロンバルディアのように、法王庁の監視や保護が比較的容易にとどく場所ではない。「貧しきカトリック者」の生活は、当然のことながらしばしば、外見上はカトリックの装いをしたワルド派にすぎなかった。同地方の司教たちには、これを認可したイノセントの意志がそのままには理解されなかった。

すでに一二〇九年に、彼らは二人のシトー派修道士を法王庁に送り、デュランドらに対する苦情を述べている。すなわち、デュランドらは、まだ教会との和解をすましていないワルド派や脱走修道士を集会にひきいれている、その不快な服装を改めない、彼らは彼らだけの集会と礼拝に固執し、正規の教会で行なわれる聖務に参加しようとしないし、また参加しようとするものを阻む、といったことである。

イノセントはこの苦情に対して、デュランドら「貧しきカトリック者」が、教会復帰の条件をきびしく守るよう命ずる。しかし注目に値するのは、同じ一二〇九年五月に、南フランスのナルボンヌとアラゴンのタラゴナの大司教など南フランスの多くの司教たちの苦情に対して与えられた回答である。イノセントはまず例のごとく真実と虚偽の弁別が大切であり、誤った異端説にとらえられたものを、ふたたび教会につれもどすためには、寛大さと慎重さとが同時に必要である旨を述べたのちに、異端の謬説《びゅうせつ》におちこんだものを救済しようとする教会の理由として、「正しいものをその正しさから遠ざけてしまうより、片意地の倒錯者をその倒錯した考えのなかで破滅させるほうが、まだしもましであるから」と述べ、さらに、「主の葡萄園を荒らす小狼をより容易につかまえるため、(転向異端者のもつ)以前の迷妄のあるものを用心のために認知しておくべきだとしても、彼が純粋な気持、正しい良心、そしていつわりではない誠実をもって真理の本質を求めているかぎりは、しばらく注意深く寛大に扱うことが肝要である。……またもし彼が以前の習慣から一挙に脱け出さないとしても……前述のように、真理の本質を踏みはずさないかぎりは、どこまでも追いつめるべきではない」としている。

これはイノセントの異端対策の特徴を鋭く表現したもので、第一には異端に対する反感のあまり、救いえた誠意の異端までも破滅させてしまった従来の対策の非をつくものであり、第二には誠意が認められるかぎりでは、こまかい点をせめたてて、異端に改心のチャンスを奪うような取り扱いを戒めたものと解せられる。このような弾力ある対策があってはじめて、すでに四十年近くも追放されているワルド派の異端を教会に復帰させることが可能であったのである。

しかしイノセントのたび重なる勧告や命令にもかかわらず、南フランスやスペイン、そして北イタリアの司教たちまでが執拗な反対をやわらげようとはしなかった。そして一二一二年を最後として、イノセントの書翰から「貧しきカトリック者」への言及はなくなってしまう。そしてグレゴリウス九世とイノセント四世の治世において、彼らは独立の存在たることをやめ、一部は自滅し、他の一部は既存の修道会のなかに吸収されて、その歴史をとじる。

イノセント三世の宗教運動対策はワルド派にいたって大きい蹉跌《さてつ》を経験した。それほどに一般の司教の反抗は強かったのである。彼らはいたるところで、「貧しきカトリック者」が施しを受けることをさまたげ、世俗権力を動員して追及し、繰り返し異端の嫌疑で弾圧することをやめなかった。

フエスカのデュランドに対し「貧しきカトリック者」の規則が認可されて二年ののち、イノセントは、またもや二つの「使徒的生活」の説教者の集団に活動の公認を与えた。その一つはこれまた南フランスにおこったベルナルドゥス＝プリムスなる人物を中心とするものであった。彼らはその外形の類似からワルド派異端として追及されたので、直接ローマにおもむいて、イノセントに訴え、その活動の認可を得たものであった。彼らの生活と活動の形式には多少興味のある点がないではない。しかし、ここで指摘しておかなくてはならないのは、彼らと彼らを育てようとしたイノセントの熱意にもかかわらず、彼らもまたやがて歴史の表面から消えていったことである。

こうしてイノセント三世の革新的宗教運動対策が、比較的温和で地方的意義にとどまったフミリアーティを除いてことごとく失敗に帰したとみえたとき、最後に唯一つのものだけが残った。それはベルナルドゥス＝プリムスとほぼ同時にその運動の承認を求めてイノセントのもとを訪れたフランシスの小兄弟団である。

因みにドメニコの説教者団は、結果的には、小兄弟団と同じ托鉢修道会を形成することになるが、彼は元来その師オスマのディエゴ同様に聖職者であり、その異端に対する説教活動にはなんら障碍《しょうがい》はなかった。ただ彼が「使徒的」異端に対抗するには、みず

から も「使徒的生活」を実践しようとして、旧来の修道会の労働義務を説教活動に代え、一切の生計を托鉢に仰ぐこととして、修道会自体の無所有を求めたとき、彼にもまた他の「使徒的」説教者と同一の困難がおこった。一二一六年、ホノリウス三世からその修道会認可を得たとき、ドメニコはこの修道会が、まず彼自身かつて属していたアウグスティヌス修道会則に準拠すべきものとしたのであった。

◉最後の試み――フランシスの小兄弟団

一二一〇年、フランシスがその十一人の弟子とともに法王イノセントをおとずれ、その新しい修道方式の認可を求めたとき、彼らの得たものは単なる口約にすぎなかった。それはフミリアーティからベルナルドゥス＝プリムスにいたる新宗教運動の担い手に与えられたどの「規則」よりも過渡的なものであった。ただフランシスには、神の恵みによってその仲間が殖えたときは、いまよりはもっとたくさんのことを許すという、もう一つの口約が付け加えられていた。しかしこれは正式の修道会則を意味するものではもちろんなかった。イノセントがいかに明察の人であったとしても、フランシスのその後の発展を当初から予見することは不可能だったのである。それほどにイノセントの新宗教運動対策はまだ見透しがたたず、それに対する反動ははげしかったのである。

それではフランシスはいついかなる形でその独自の修道会則の認可を得たのであろうか。一般的な予想に反し、その具体的な事情を史料的に証明することはまったく不可能なのである。

ところでここに、フランシスの修道会成立の時点を確定するための三つの材料がある。第一に、フランシスは一二一四年の終わりまで、その認可を得ていなかった。第二に、一二一九年、法王ホノリウス三世がその書翰において、フランシスコ会を正式の修道会として指摘している。したがってフランシスコ会は一二一四年と一二一九年のあいだのいつかに成立したことになる。しかしそれは、第三に、一二一六年以後ではありえないのである。というのは、一二一五年の有名な第四回ラテラノ公会議は、既存の修道会以外の新しい修道会の設立をきびしく禁じているからである。そうすれば問題の設立年の幅はさらに狭められ、一二一五年のいつかということになる。しかもそれは第四回ラテラノ公会議の席上でないことは確かであるから——この会議の記録にはこれを予想させる箇所はまったくない——それは一二一五年十一月十一日、つまり公会議開催まえということになるのである。

このような日付の決定がなぜ大事なのかというと、正確な日付がないというまさにこの一事のなかに、フランシスの小兄弟団成立は異常な困難をおかして行なわれたこと、他方からいえば、イノセントの異端・宗教運動対策は、最後まで高位聖職者層の頑強な反対にあっていたことがうかがわれるからである。しかしイノセントはその政策の最後の望みをフランシスの運動にかけていたのであろう。フランシスが最初から管区司教の好意を得ており、法王庁の枢機卿のあいだでさえ尊敬をかちえていたことは、このさい重要な点として想起しておかなくてはならない。

しかしそれにしても、枢機卿フゴーリンが一二一七年にフランシスに語ったところをみれば、この時期においても、また枢機卿間にさえ、フランシスの活動に疑念をいだくものが少なくなかったことがわかる。「貴下の修道生活の成功をむしろさまたげようとする司教たちは多く、またそれはローマ法王庁内にさえいるのだ。私とその他貴下の修道生活を愛する枢機卿のあるものは、しかし、よろこんで、この修道生活をまもりまた援助しよう。もし貴下がこの地方の周辺にとどまるかぎりは」と、フゴーリンはフィレンツェでフランシスに語っているのである。

詳細は省略するとして、第四回ラテラノ公会議決定の第十三章にもられた新修道会則認可の禁止は、イノセント自身の意志に発するものではなく、かえって彼の宗教運動対策に対する高位聖職者たちの批判のあらわれなのである。イノセントはこのことあるを事前に予想し、ここでフランシスの新会則認可について争ったり取引したりしようとはしなかったものであろう。そのかわりに、彼は、一二一五年にローマに出頭したと推定されるフランシスに、その修道会則の認可を与え、これをラテラノ公会議の席上公表したと考えられるのである。

これがイノセントの宗教運動対策の最後の措置であった。しかしそれはフランシスとその「小さい兄弟たち」の手をとおして、ローマ教会再生の重大な動きにまで発展させられた。イノセント自身は、しかし、その成果を見ることもなく、翌一二一六年七月に歿した。

最後にそれでは、フランシスの使徒的清貧主義に立つ説教活動さえもが、どうしてこうも多くの困難に遭遇しなければならなかったのか、その理由を考えてみよう。しかしそのためには、フランシスの事業の偉大さを知る今日のわれわれの目をもってではなく、異端と宗教運動の渦巻く十三世紀初頭にたちかえってみなくてはならない。

一二〇九年、カタリ派は、イノセントのあらゆる努力にもかかわらず改宗を拒み、ついにアルビジョア十字軍の攻撃対象とせられた。また外形上ほとんど異端と見分けのつかない「使徒的説教者」たちは、依然として、異端と同様な憎しみと疑惑の対象であった。といっても、それは必ずしもすべての人によるものではなく、主として教会の高位聖職者と既存の修道会、ことにシトー派によるものであった。両者はともに使徒的説教者のうちに、自分自身に対する批判者と対抗者を見いだしたのである。無所有で信者の施しによって生きる修道士は、尊むべき聖ベネディクトの伝統の否定者であるばかりではない。その生活自体が、封建化した聖職者に対する、無言だが、何よりも雄弁な批判である。その説教が民心に訴えるとすれば、それは彼らの存在理由をそれだけ減少させるし、説教者への施与によって彼らは大きい経済的な損失をこうむることになる。このことはとくに都市に本拠をおく司教たちの悩みでなくてはならない。要するに使徒的清貧主義の説教者は、あらゆる点で既存の聖職者の世俗的利害と相反したのである。しかし主がフランシスに語ったように、まさにこの聖職者たちの世俗的利害への執着のゆえ、「主の家は傾いていた」のではなかったか。

またまさにこの既存の世俗的利害への執着と革新への反感のゆえに、高位聖職者たちはその後、フランシスやドメニコの修道会に対し大きい立ち遅れをとることになる。それはイノセントから二代目の法王グレゴリウス九世（在一二二七―一二四一年）治下における異端審問権の法王権への集中（一二三一―一二三三年）である。この制度の支柱となり異端審問の実際を担当したのはフランシスコ会とドメニコ会の修道士であり、それによって一般の高位聖職者は、それだけ教会政治における権限と独立的地位を失ったのである。

こうしてまた法王を頂点とするローマ＝カトリック教会の成層的教職制《ヒエラルヒー》は、最終的に整備されることになるのである。それはイノセント三世が目指した政治的権力集中と宗教運動対策の結論でもあった。

しかし、こうして訪れたローマ法王権の最盛期も決して永続きしたものではない。一二五〇年、皇帝権がその最後の偉大な代表者フリードリヒ二世とともに没落していったとき、法王権もまたその普遍的支配の基礎を失いつつあったのである。一言にしていえば、「国民的」国家のこの間における成長が、法王権・皇帝権といった普遍的権威の存在を不可能にしつつあったのである。法王権がこの歴史の推移に気づくことなく、十四世紀初頭、フランス国王フィリップ端麗王の挑戦に応じたとき、それはアナーニ事件、アヴィニョン幽囚事件をとおして急激に衰えざるをえなかった。

他方ではローマ教会の宗教的危機を救い、そのヨーロッパ支配の支柱となったフランシスコ、ドメニコの両修道会も、長くその当初の純粋性を保つことはできなかった。そこにはこれまでの他の修道会の退廃と共通の理由が見いだされる。

しかし、これら一連の教会史上の推移には、やはりイノセント三世の宗教運動対策そのもののうちに存した理由もあったといわなくてはならない。新しい托鉢修道会と旧来の高位聖職者、とくに教区聖職者との対立が、新しい教会政治展開のための原動力をなすものであった。教区聖職者は托鉢修道会を手足とする法王権に対抗し、この間、急速に成長した国民的王権と提携して、法王権の普遍的支配権に対抗する。そこに中世末の公会議至上主義の主張へと向かう新しい動きがおこる。その結果おこった教会政治の再度の動揺にともなって、中世末期に広汎な異端の運動がおこり、宗教改革から対抗改革にいたる一世紀半以上にもおよぶ正統と異端の決戦の時期を迎えるのである。

このように歴史はつねに変わりつねに移る。だがまさにこの不断の変転のゆえに、それをもこえて生きつづける人とその行為の意味は、一層わたくしどもの人間的感動をさそわずにはおかない。一二一〇年におこったイノセントとフランシスの出会いは、まさにこのような歴史上の事実の一つだったのである。

史料と参考文献

本書は、「秘蹟論争」と「宗教運動」という、相互に密接に関連はするが、もともと別個な二つのトピックからできている。筆者が主たる関心をもち、したがって、できるかぎりの史料上の検討を試みたのは、しかし、「秘蹟論争」についてであった。「宗教運動」のほうは、「秘蹟論争」の研究の過程で、自然にたどりついた問題でもあったところから、現在は、まだ参考文献に従って一応の見透しを立てたままである。そこで以下に掲げる史料と参考文献は、主に「秘蹟論争」に関係するものが多い。しかし、問題の性質からして、それは同時に「宗教運動」の研究にも不可欠のものであることはいうまでもない。

根本史料としては、まずドイツ中世史史料集成 *Monumenta Germaniae Historica* 中の、

『司教叙任権論争小論集』三巻（*Libelli de Lite*, 3 vols., Hannover, 1891）

『グレゴリウス七世書翰集』二巻（*Gregorii VII Registrum*, 2 vols., 1920～'23）

マンシ編『ローマ教会公会議記録集成』（Mansi, *Sacrorum Conciliorum nova et amplissima Collectio*, Venetia-Firenze, 31 vols., 1789～'83）

であるが、これは一九六一年復刻版が出され、型も小さく利用に便である。

中世ローマ教会法については、十二世のグラティアヌスの「教会法令集」に、グレゴリウス九世とイノセント四世の小法令集を加えてできた、

『教会法大全』（Friedberg, *Corpus Iuris Canonici*, 1879）

がある。これは法王勅令・公会議決議・教父や神学者の著作抜粋等、いわゆる教会法令を内容・性質に従って体系的に整理したもので、その整理は中世における法律学発達の初期になされたものであるから、決して完全なものではないが、秘蹟などについて各種の意見や決議を多少とも網羅的に知るうえで不可欠のもの。

以上の根本史料のほかに、つぎの二史料。

C. Mirbt, *Quellen zur Geschichte des Papstums und des römischen Katholizismus*, 5 Aufl., 1934.

Jaffé-Pothast, *Regesta Pontificum Romanorum*, 3 vols., 1956.

は、それぞれローマ法王史関係史料の便利な集成・一覧として必携のものである。

参考文献としては、まず「秘蹟論争」については、

C. Mirbt, *Publizistik im Zeitalter Gregors VII*, 1894.

L. Saltet, *Les réordinations*, 1907.

の二書が現在でも最高の権威をもつ研究である。

「グレゴリウス改革」については、前記ミルブトの著述のほか、

Fliche et Martin, *Histoire de l'Église*, tom. 7, 8, 1948～'50.
A. Fliche, *La réforme Grégorienne*, 1924～'37.
G. Tellenbach, *Libertas, Kirche und Weltordnung im Zeitalter des Investiturstreites*, 1936 (engl transl., *Church, State and Christian Society*, 1948)

が最も重要である。

「宗教運動」に関しては、

H. Grundmann, *Die religiöse Bewegungen im Mittelalter*, 2 Aufl., 1961.

が最も基礎的であるが、

E. Werner, *Pauperes Christi*, 1956.

を加える必要がある。

法王権の政治史については、

D. Waley, *The papal State in the Thirteenth Century*, 1962.

が最も新しくまた示唆も多い。

教会史一般では、

A. Hauck, *Kirchengeschichte Deutschlands*, Bd. III, IV, 1920～'25.
G. Schnürer, *Kirche und Kultur im Mittelalter*, Bd. II, 1926.

J. Hefele, *Conciliengeschichte*, Bd. IV, V, 2 Aufl., 1879.

教義史・教会法史では、それぞれ、

R. Seeberg, *Lehrbuch der Dogmengeschichte*, Bd. II, III, 5 Aufl., 1953.

P. Hinschius, *System des katholischen Kirchenrechts*, Bd. I, 1869.

が筆者の最も多く参照した研究である。

最後に、問題の取り扱いについては、

E. Troeltsch, *Soziallehren der christliche Kirchen und Gruppen*, 1912 (engl. transl., *The Social Teachings of the Christian Churches*, 1960)

の古典的労作が、今もなお最もすぐれた研究であり、筆者もまたその基本的観点に学ぶところが多かった。

なおキリスト教会の特殊な用語については、小林珍雄編『キリスト教用語辞典』（東京堂、昭和三十五年版）が最もよく、同時にカトリック教会の簡易なエンサイクロペジアをかねている。

以上は本書の執筆にあたって最も多く使用した史料と参考文献を列挙しただけで、このほかに個別的な文献は無数にある。とくに「宗教運動」については、イタリアに、ローマ大学教授 R. Morghen を中心とした多数の研究があることを付記したい。

残念なのは、わが国にこの種の研究が皆無に近いことで、そのため筆者が思わぬ間違いをおかした可能性も少なくないと思う。本書が少しでも問題の重要性を広く示すことによって、新しい研究のための刺戟となることを望みたい。

最後に、「秘蹟論争」の研究を開始した四年以前、東京大学にまだ備え付けのなかったマンシ編の『公会議記録集成』の閲覧の便を計っていただいた上智大学図書館と同大学教授橋口倫介氏、ミルプトの *Publizistik* を貸与していただいた一橋大学図書館と同大学教授（現学長）増田四郎氏、教会史上の難問に智慧を貸していただいた関東学院大学教授今野国雄氏等に対し、この機会を利用して厚く御礼申し上げたい。

		1194	皇帝ハインリヒ6世（1190～'97）両シチリア王国を併合，全イタリアを支配す
1198	法王インノケンティウス3世（～1216）即位，フミリアーティ，ワルド派，カタリ派への対策に腐心す		
		1202	第4回十字軍（～1204）
1209	アルビジョア十字軍(～1229)		
1210	聖フランシス，法王インノケンティウス3世と会見．1215年，フランシスコ修道会公認，1223年，会則の最終認可		
		1212	小児十字軍
1215	第4回ラテラノ公会議	1215	イギリス大憲章の発布
1216	ドメニコ修道会公認．法王ホノリウス3世（～1227）		
		1226	フランス王ルイ9世（～1270）
		1228	第6回十字軍（～1129）
1230	法王グレゴリウス9世（1227～'41），このころからドメニコ，フランシスコ修道士を用いた法王の異端審問制しかる		
		1248	第7回十字軍（～1254）
		1258	イギリスに貴族の叛乱と国政改革おこる
		1270	第8回十字軍

年		
1075		司教叙任権闘争の口火が切らる（～1112）
1077		カノッサの屈辱
1088	法王ウルバヌス2世（～1099）	
1095	ピアツェンツァ，クレルモン公会議	
1096		第1回十字軍（～1099）
1098	シトー修道院建設（1119年，公認）	
1115	聖ベルナール，クレルヴォー修道院建設	
1120	プレモントレ修道会成立	
1122		ウォルムス協約（司教叙任権闘争終わる）
1123	法王カリストゥス2世（1119～’24），第1回ラテラノ公会議	
1138		ドイツ，ホーエンシュタウフェン王朝おこる（～1254）
1139	法王インノケンティウス2世（1130～’43），第2回ラテラノ公会議	
1140		このころ，グラティアヌス「教会法令集」を編纂
1143		ローマ市民の共和国復興運動おこる．このころから異端カタリ派の西欧浸透はじまる
1147		第2回十字軍（～1149）
1173		ピエール＝ワルドー，ワルド派をおこす
1176		皇帝フリードリヒ1世（1152～’90），レニャノでロンバルド都市同盟軍に敗る
1179	法王アレクサンデル3世（1159～’81），第3回ラテラノ公会議	
1184	法王ルキウス3世（1181～’85）ヴェロナ公会議，ローマ法王庁の異端対策厳格となる	
1189		第3回十字軍（～1192）

		622	ヘジラ回教暦元年
719	聖ボニファティウスのドイツ人伝道開始（〜754）		
726	法王グレゴリウス2世（715〜731），聖画像崇敬問題はじまる（〜842）	726	イサウルス朝のレオ3世，聖画像破壊令を出す（843年，最終的解除令）
		732	フランクの宮宰カール＝マルテル，回教軍をトゥール‐ポアティエに破る
		751	ピピン，フランク王国カロリング王朝を興す
769	法王ステファヌス3世（768〜772），ローマ公会議		
795	法王レオ3世（〜816）		
		800	フランク王カール，ローマ皇帝に戴冠
		843	フランク王国の分裂，ヴェルダン条約
858	法王ニコラウス1世（〜867）		
891	法王フォルモースス（〜896），このころから中世ローマ法王庁の暗黒時代はじまる		
910	クリュニー修道院の建設		
955	法王ヨハンネス12世（〜964），法王庁の暗黒時代終わる		
		962	ドイツ王オットー1世，ローマ皇帝に戴冠
		1046	皇帝ハインリヒ3世ローマ法王庁の改革に着手
1049	法王レオ9世（1049〜'54），ローマ公会議，グレゴリウス改革はじまる（〜1122）		
1052	ペトルス＝ダミアニ『秘蹟論』		
		1056	ミラノ大司教管区にパタリア運動おこる
1057	フンベルトゥス『シモニスト駁論　三巻』を執筆（〜1058）		
1059	法王ニコラウス2世（1058〜'61），法王の教会法的選挙規定発布		
1073	法王グレゴリウス7世（〜1085）		

年 表（法王名は年表にかぎりラテン音に統一した）

	教会史		ヨーロッパ史
AD 250	法王ステファヌス1世（254～257）とカルタゴの司教キプリアヌスとの秘蹟論争		
		AD 313	コンスタンティヌス大帝ミラノ勅令（キリスト教公認）
314	アルル公会議（ドナティスト論争の審議）		
325	第1回ニケア公会議（アタナシウス等の同一本体論の教義採択，アリウス説の否定）		
	アウグスティヌス（354～430），4世紀末よりドナティストと論争（ヒッポの司教在任396～430）		
		375	民族大移動はじまる
401	法王インノケンティウス1世（～417）		
		410	西ゴート族，アラーリックのもとにローマを攻略す
411	カルタゴ公会議（ドナティスト論争終わる）		
432	聖パトリックのアイルランド布教		
440	法王レオ1世（～461）		
		476	西ローマ帝国滅亡
		486	フランク王国メロヴィング王朝創設
492	法王ゲラシウス1世（～496）		
		493	東ゴート王国，テオドリッヒ大王（493～553）
496	法王アナスタシウス2世（～498）		
		527	東ローマ皇帝ユスティニアヌス（～565）
556	法王ペラギウス1世（～561）		
		568	ランゴバルド王国（～774）
590	法王グレゴリウス1世（～604）		
597	アングロサクソン族の改宗		

解説

樺山紘一

一九六四年の初版以来、半世紀ぶりの再版。それはほとんど奇跡といってもいい。いまなお研究書として輝きを失っていないのだから。

けれどもこれを一読して、いくらかの意外感が催されることも事実だ。日本語表現のスタイル。これは時代による変化というよりは、著者の個性というべきか。それよりも、つぎのふたつの理由のほうがまさる。

その第一は、おもに取りあげられるのが、十一世紀から十二世紀にかけて、グレゴリウス改革にともなって表面化する正統と異端の問題であること。ふつうに理解される中世キリスト教異端ではない。一般的に想起されるのは、カタリ派やワルド派であろう。ともに十二世紀から十三世紀を中心に、全カトリック教会を震撼させた両異端は、その存在感といい、また研究史上の注目度からみても、代表格とされるにふさわしい。けれども本書では主役をなすことはない。

あるいは、キリスト教会としてみれば、古代末に出現し、これまた全教会をゆるがした異端のことを、想起すべきだろうか。アリウス派やネストリウス派などの重大な分派のことである。三位一体の理解をめぐる根本的な相違に発する教義上の分裂は、いまだ基礎の定まらぬ教会の運命を左右するほどの大事件であった。しかしこれも、グレゴリウス改革をめぐる正統と異端の関係と無縁ではないが、本書の主要な主題ではない。

第二の意外感が、これに続いておこる。そのグレゴリウス改革が、十一世紀後半を中心として、キリスト教会、あるいは西洋中世世界に巨大なインパクトをあたえたことは、まったく疑いをいれないであろう。それは、教会の粛清と改革をかかげ、ローマ法王権の圧倒的優位を実現させた。「カノッサの屈辱」（一〇七七年）を表徴とする法王・教会権力と権威の確立こそが、グレゴリウス改革の主要モチーフであろうから。しかし、そうだとすれば、いったい「正統と異端」問題は、そのなかのどこに位置するのであろうか。第二の意外感はそんな背景から浮かびあがる。

こうした意外感があるにしても、もちろん読者を魅了するポイントが、本書にはふんだんにちりばめられていることは否定できない。たとえば、グレゴリウス改革のピークにあたって、これをめぐる主要な論客であった二人の人物の神学的論争が、その論述の用語意味に立ちいって分析されている箇所。ペトルス＝ダミアニとフンベルトゥス枢機卿の争論は、まさしく正統と異端にところを分け、激烈さをきわめるが、そこでの決定的な分岐点をえぐりだす作業は、本書のクライマックスとみてもよい。ただし、その種の論争の帰趨を見わけるこつを習得していないと、専門度が高すぎていささか理解に困難を感じるではあろうが。

さて、そうした専門度の高さはともあれ、多数の読者を想定した本書にあっては、歴史学的な思考や論述の妙味は、もう少し別のところに見いだされるようにみえる。著者がいく度にもわたって強調するとおり、グレゴリウス改革をはじめとする教会改革の思想と運動は、当事者たちの強烈な信念を起動力として着手された。その当事者の情熱なしに、この運動が成果をおさめるわけはない。それが、教会の重要な役職者であろうと、個人的なモチーフから熾烈な宗教行為にむかう巡礼説教者や苦行者であろうと。一般の信徒であっても、そうした個人的熱情のある宗教者によって救済や希望をあたえられてこそ、望むべき成果の一端に参画できる。そこで通用するのは、つぎのような理解だ。

秘蹟（秘跡）という名で表現される洗礼や叙品（聖職叙任）などは、それを施す人物の値打ちのゆえに有効に機能する。けっして、その人物の地位や儀礼の施設のゆえではない。この見方を主観主義とよび、行為者の当否に依存するのだから、人効論とよんでもよい。

けれどもその人物が、じつは有効な価値をもっていないことがわかったならば、行なわれた秘蹟の結果はどうなるのか。改めてやりなおせばよいのか。しかし、秘蹟を二重に施行することは、もともと禁じられているとしたら、どうするのか。悩ましい問題が生じてくる。この際、秘蹟を与えた人物が誰であれ、それが公式の規則に従って行なわれたのなら有効だとすればいいのではないか。この考え方を客観主義とよび、行為者の資格にかかわらず、効力をもつというのだから、事効論とよぼう。中世キリスト教会にあっては、この客観主義こそが正統の立場であり、人効論の主観主義は異端であった。

じつは、グレゴリウス改革は、秘蹟についての異端ぎりぎりの人効論を楯として、教会の粛清と改革を推進した。ラディカルな改革路線を突進し、世俗国家への屈服をとなえる腐敗した勢力を打破した。改革の主観主義の貫徹であり、めざましい成果が収められた。けれども、正統と異端のきわどい関係は、どこまで維持できるのか。改革の当事者たちは、やがて収拾に向かい、改革についての事効論＝客観主義に傾いていくだろう……。

ふたつの原理のあいだのせめぎあいと、一方から他方へのダイナミックな転換。これこそ、十一世紀から十二世紀にかけての改革運動の構図であった。やがては、この教会の正統性への疑問をとなえる異端たち、たとえばカタリ派やワルド派などが、ふたたびヨーロッパの野にあふれるであろう。さらには、その混迷に危機感をつのらせる信仰の良心が、托鉢修道会などのかたちに体現されて、躍動するだろう。教会改革における熱烈な主観主義と、そのエネルギーを巧みに編成しつつ安定した構造体の確立をめざす客観主義。このふたつは異端と正統の立場に直結して、きわどい相剋を演じてゆく。これこそ、中世キリスト教会の極盛期である法王イノセント（インノケンティウス）三世にいたる時代の眺望図である。

正統と異端という視点を、グレゴリウス改革からイノセント三世にいたるほぼ一世紀半のなかにすえてみるとき、中世カトリック教会をおおう巨大なダイナミズムが姿を現す。教義上の疑点をあえて冒しつつも、教会改革のエネルギーに訴えて、それを現実上の運営にまで展開させること。逸脱にすら向かいうるこのエネルギーこそ、教会とその改革をささえ、信徒たちを覚醒し、行動にいざなう力の源泉であった。それは、正統の立場を踏みはずし、ほとんど異端の際《きわ》にまで立ちいたったけれども、それゆえにこそ、逸脱に瀕した「異端」者たちを教会内に回収しえた。それは、あまりに鮮烈なダイナミズムと形容したいものだ。このような観察として本書を読むとき、わたしたちは、冒頭にかかげた二重の意外感をすっきりと解消することができるように思われる。正統と異端の対抗のあわいに出現する、中世世界を揺りうごかすエネルギーと力動。そこにこそ、中世世界は静態的構造ではなく、みなぎるようなダイナミズムのもとに姿を現してくるではないか。

じつは、本書がしるされた一九六〇年代、いまだ西洋中世世界については、慣行的な理解法が蔓延していた。いわゆる中世暗黒説である。近代と対比すれば途方もない暗黒であり、人びとは貧困と抑圧のもとにおかれ、封建制と教会位階制の二重の軛《くびき》のもとに、うちひしがれていたと。社会は、みずからの未来を開拓する力動感を欠き、静寂と鎮静にとらわれていたと。自由と力動を欠く暗黒の中世。

この伝統的中世観をくつがえすのは、当時にあっては、容易な業《わざ》ではなかった。本書が、ことさらに強調したように、異端と正統のきわどいせめぎあいのなかから、噴出したエネルギーを、構造本体の改編と沸騰にむすびつけて理解すること。それから半世紀も経過した現在、いまさら中世暗黒説に固執する論者は、ほとんど見あたらないが、この大いなる変換をうながすにあたって本書がはたした役割は、きわめて大きい。中世世界にあふれるダイナミズムを適正に発掘する作業によってこそ、その変換は説得的なアピールを体現しえたのである。

最後に、ひとことといささかの感慨を述べることをお許しいただきたい。わたしはこの「正統と異端」の思考と論述が、はじめて公式に発話されるかつての現場に、聴講の学生として立ちあっていた。その論議の趣旨や斬新さを、ほとんど弁えないままに、必死になって論脈を追尾しようとした経験を、いまになって反芻してみる。たしかにそこでの論議の正当性については、いまになって見解はわかれるであろう。しかし、当時五十歳代なかば、文字どおりあぶらののりきった、日本における西洋中世史学の第一人者が、アカデミーへの情熱をふりしぼって提示した論述のダイナミズムは、いかようにも否定できないだろう。それからじつに半世紀。いまここに再版される記念碑を前に、この思いを読者と共有したいと念願する。

（東京大学名誉教授）

本文デザイン　山田信也（Studio Pot）

本書は、『正統と異端——ヨーロッパ精神の底流』(中公新書、一九六四年刊)を文庫化したものです。
なお、本文中に今日の人権意識に照らして差別的な表現が含まれていますが、執筆当時の社会的・文化的状況、および著者(物故)に差別を助長する意思がないこと等を考慮し、原文のままとしました。

編集部

中公文庫

正統《せいとう》と異端《いたん》
——ヨーロッパ精神《せいしん》の底流《ていりゅう》

2013年4月25日　初版発行
2020年2月15日　3刷発行

著　者　堀《ほり》米《ごめ》庸《よう》三《ぞう》

発行者　松田陽三

発行所　中央公論新社
〒100-8152　東京都千代田区大手町1-7-1
電話　販売 03-5299-1730　編集 03-5299-1890
URL http://www.chuko.co.jp/

印　刷　三晃印刷
製　本　小泉製本

Published by CHUOKORON-SHINSHA, INC.
Printed in Japan　ISBN978-4-12-205784-5 C1122

中公文庫既刊より

各書目の下段の数字はISBNコードです。978－4－12が省略してあります。

フ-14-1
歴史入門
F・ブローデル
金塚貞文訳
二十世紀を代表する歴史学の大家が、その歴史観を簡潔・明瞭に語り、歴史としての資本主義を独創的に意味付ける、アナール派歴史学の比類なき入門書。
205231-4

マ-10-1
疫病と世界史（上）
W・H・マクニール
佐々木昭夫訳
疫病は世界の文明の興亡にどのような影響を与えてきたのか。紀元前五〇〇年から紀元一二〇〇年まで、人類の歴史を大きく動かした感染症の流行を見る。
204954-3

マ-10-2
疫病と世界史（下）
W・H・マクニール
佐々木昭夫訳
これまで歴史家が着目してこなかった「疫病」に焦点をあて、独自の史観で古代から現代までの歴史を見直す好著。紀元一二〇〇年以降の疫病と世界史。
204955-0

マ-10-3
世界史（上）
W・H・マクニール
増田義郎
佐々木昭夫訳
世界の各地域を平等な目で眺め、相関関係を分析しながら歴史の歩みを独自の史観で描き出した、定評ある世界史。ユーラシアの文明誕生から紀元一五〇〇年までを彩る四大文明と周縁部。
204966-6

マ-10-4
世界史（下）
W・H・マクニール
増田義郎
佐々木昭夫訳
俯瞰的な視座から世界の文明の流れをコンパクトにまとめ、歴史のダイナミズムを描き出した名著。西欧文明の興隆と変貌から、地球規模でのコスモポリタニズムまで。
204967-3

マ-10-5
戦争の世界史（上）技術と軍隊と社会
W・H・マクニール
高橋均訳
軍事技術は人間社会にどのような影響を及ぼしてきたのか。大家が長年あたためてきた野心作。上巻は古代文明から仏革命と英産業革命が及ぼした影響まで。
205897-2

マ-10-6
戦争の世界史（下）技術と軍隊と社会
W・H・マクニール
高橋均訳
軍事技術の発展はやがて制御しきれない破壊力を生み、人類は怯えながら軍備を競う。下巻は戦争の産業化から冷戦時代、現代の難局と未来を予測する結論まで。
205898-9

コード	タイトル	サブタイトル	著者/訳者	内容紹介	ISBN
モ-5-4	ローマの歴史		I・モンタネッリ 藤沢道郎訳	古代ローマの起源から終焉までを、キケロ、カエサル、ネロら多彩な人間像が人間臭い魅力を発揮するドラマとして描き切った、無類に面白い歴史読物。	202601-8
モ-5-5	ルネサンスの歴史(上)	黄金世紀のイタリア	I・モンタネッリ R・ジェルヴァーゾ 藤沢道郎訳	古典の復活はルネサンスの一側面にすぎない。天才たちが活躍する社会的要因に注目し、史上最も華やかな時代を彩った人間群像を活写。《解説》澤井繁男	206282-5
モ-5-6	ルネサンスの歴史(下)	反宗教改革のイタリア	I・モンタネッリ R・ジェルヴァーゾ 藤沢道郎訳	政治・経済・文化に撩乱と咲き誇ったイタリアは、宗教改革と反宗教改革を分水嶺としてヨーロッパ史の主役から舞台装置へと転落する。《解説》澤井繁男	206283-2
す-24-1	本に読まれて		須賀敦子	バロウズ、タブッキ、ブローデル、ヴェイユ、池澤夏樹……。こよなく本を愛した著者の、読む歓びが波のようにおしよせる情感豊かな読書日記。	203926-1
つ-3-8	嵯峨野明月記		辻邦生	変転きわまりない戦国の世の対極として、永遠の美を求め〈嵯峨本〉作成にかけた光悦・宗達・素庵の献身と情熱と執念。壮大な歴史長篇。《解説》菅野昭正	201737-5
つ-3-16	美しい夏の行方	イタリア、シチリアの旅	辻邦生 堀本洋一写真	光と陶酔があふれる広場、通り、カフェ……。ローマからアッシジ、シエナそしてシチリアへ、美と祝祭の国の町々を巡る甘美なる旅の思い出。カラー写真27点。	203458-7
つ-3-20	春の戴冠1		辻邦生	メディチ家の恩顧のもと、花の盛りを迎えたフィレンツェの春を生きたボッティチェリの生涯——壮大にして流麗な歴史絵巻、待望の文庫化!	205016-7
つ-3-21	春の戴冠2		辻邦生	悲劇的ゆえに美しいメディチ家のジュリアーノと美しきシモネッタの禁じられた恋。ボッティチェリは彼らを題材に神話のシーンを描くのだった——。	204994-9

各書目の下段の数字はISBNコードです。978－4－12が省略してあります。

つ-3-22
春の戴冠3
辻　邦生
メディチ家の経済的破綻が始まり、フィオレンツァの春は、爛熟の様相を呈してきた――永遠の美を求めるボッティチェルリと彼を見つめる「私」は。
205043-3

つ-3-23
春の戴冠4
辻　邦生
美しいシモネッタの死に続く復活祭襲撃事件……。ボッティチェルリの生涯とルネサンスの春を描いた長篇歴史ロマン堂々完結。〈解説〉小佐野重利
205063-1

つ-3-25
背教者ユリアヌス（一）
辻　邦生
血で血を洗う政争のさなかにありながら、ギリシア古典を学び、友を得て、生きることの喜びを見いだしていくユリアヌス――壮大な歴史ロマン、開幕！
206498-0

つ-3-26
背教者ユリアヌス（二）
辻　邦生
学友たちとの平穏な日々を過ごすユリアヌスだったが、兄ガルスの謀反の疑いにより、宮廷に召喚される。皇后との出会いが彼の運命を大きく変えて……。
206523-9

つ-3-27
背教者ユリアヌス（三）
辻　邦生
皇妹を妃とし、副帝としてガリア統治を任ぜられたユリアヌス。未熟ながら真摯な彼の姿は兵士たちの心を打ち、ゲルマン人の侵攻を退けるが……。
206541-3

つ-3-28
背教者ユリアヌス（四）
辻　邦生
輝かしい戦績を上げ、ついに皇帝に即位したユリアヌス。政治改革を進め、ペルシア軍討伐のため自ら遠征に出るが……。歴史小説の金字塔、堂々完結！
206562-8

つ-3-29
地中海幻想の旅から
辻　邦生
その青さは、あくまで明るい、甘やかな青で、こちらの魂まで青く染めあげられそうだった――旅に生きた作家の多幸感溢れるエッセイ集。〈解説〉松家仁之
206671-7

つ-3-30
完全版　若き日と文学と
辻　邦生
北　杜夫
青春の日の出会いから敬愛する作家、自作まで。親友の二人が闊達に語り合う。ロングセラーを増補、全対談を網羅した完全版。〈巻末エッセイ〉辻佐保子
206752-3